화곡동, 79~85
변두리 세대의 성장 기록

김한식 산문집

화곡동, 79~85

변두리 세대의 성장 기록

글누림

목화 농사를 지어 화솜을 모아 솜이불을 두 채씩 하고
본견 누비이불로 딸자식 시집보내신 ……

― 숨 쉬는 걸 조금 때 가르쳐 주신, 내 어머니께

머리말

과거의 나에게 보내는 위로

대통령 박정희가 피살된 1979년에 나는 국민학교 6학년이었다. 그해에는 이란 혁명이 있었고, 소련의 아프가니스탄 침공도 있었다. 태어나서 그때까지 내가 경험한 유일한 대통령은 박정희였다. 중학교와 고등학교 시절 대통령은 전두환이었고, 대학 2학년 때 직선제로 헌법이 바뀌었음에도 노태우가 대통령에 당선되었다. 대학을 졸업하고 군에 다녀올 때까지 내 나라의 대통령은 모두 쿠데타로 권력을 잡은 육군 장군들이었다. 나는 그들과 그들의 시대가 만들어 놓은 군사 문화 속에서 학생 시절을 보냈다.

나는 충청북도 산골에서 태어났지만 막 뛰어다닐 때쯤 서울로 이사와 특별시의 서남쪽 변두리 지역에서 초중고등학교를 졸업했다. 어릴 적부터 친구들과 어울려 놀기보다 멀리서 사람과 세상 구경하는 것을 좋아했다. 중학교에 입학하자마자 과외가 금지되어 중고등학교 시절 한 번도 학원에 다니지 않았다. 지금은 사라진 연합고사를 보고 고등학교에 진학했다. 중고등학교 모두 남학교를 다녔다.

고등학교 시절 나는 도시락을 두 개씩 가방에 넣고 다니며 야간 자율학습을 견디는 학생이었다. 대학입시는 학력고사와 논술을 동시에 보았고 우리가 본 학력고사 과목은 문과 16과목으로 역대 가장 많았다고 한다. 그리고 체력장이라는 시험이 따로 있었다. 성적이 매우 좋지는 않았지만 그래도 중간 이하로 떨어져 본 적은 없었다. 몸도 작은 편이 아니어서 동네 불량배들에게 휘둘리는 일도 없었다. 용감하고 호기심 많은 아이는 아니었지만, 그래도 틈틈이 소심하게 놀았던 기억이 적지 않다.

지금 돌아보면 어린 시절 나의 정체성은 서울 변두리 지역 청소년의 그것이었다. 동네에는 광화문까지 가는 버스가 있었는데 사거리에서 시청 쪽으로 회차했기 때문에 종로로 가려면 걷거나 다른 버스를 타야 했다. 영등포가 가장 가까운 부심이었고 다음으로 가까운 곳은 신촌이었다. 지하철을 일상적으로 이용하기도 어려웠다. 1호선이나 2호선 모두 집에서 한참 나가야 탈 수 있었다. 대학 입학 전까지 3호선과 4호선을 이용했던 기억은 없다.

닥친 일은 무엇이든 열심히 하려 노력했지만 무엇 하나 제대로 해왔다고 내세울 것은 없다. 나는 의식주에 있어 특별히 좋아하는 게 없다. 아무 음식이나 있으면 잘 먹지만 꼭 먹고 싶은 건 없는 편이다. 젊은 시절 특별히 이상적인 여성상을 그려본 적도 없는 것 같다.

이런 취향을 나는 무난하다고 생각하는데 주변 사람들은 까다롭다고 말한다. 난 특별히 싫어하는 게 없다고 생각하지만, 사람들은 내가 웬만한 것에는 만족하지 못한다고 말한다.

어찌 되었든 보통의 시각으로 보면 나는 무난하게 살아온 평범한 아저씨라 할 수 있다. 그런 사람들이 대부분 그렇듯, 나 역시 자기를 돌아보는 일에 익숙하지 않았다. 대단한 목표를 이루기 위해 앞만 보고 달려온 건 아닌데도 말이다. 그런데 최근 들어 나에 대해 조금씩 생각하기 시작했다. 내가 어떻게 살아왔는지를 찬찬히 돌아보고 싶은 마음도 생겼다. 더 시간이 지나면 무엇을 하고 살 것인지, 미래의 내 모습이 어떨지 걱정되기도 했다. 그런 생각이 드는 지금이 과거의 자기를 들여다보기에 적당한 시간이 아닌가 생각했다.

어린 시절 나는 삶의 매 순간을 위기라 느끼고 낯선 것에 극도의 불안을 느끼던 소심한 아이였다. 미래의 꿈이나 장래의 희망 같은 걸 구체적으로 가져본 적도 없었다. 현재보다 미래가 더 나빠지지 않기를, 무사히 하루를 보내기만을 바라는 스스로 고달픈 아이였다. 그 결과 나는 주변에 마음을 열지 못했고 패기만만한 도전도 해보지 못했다. 이 책의 문장들은 어쩌면 그렇게 마음 졸이며 살아온 과거의 나에게 건네는 위로의 말들일지도 모른다. 그래도 잘 견뎌왔다고, 그렇게 엉터리로 살아온 건 아니라고. 이제는 좀더 여유를 가지고 살아도 된다고.

차례

머리말
과거의 나에게 보내는 위로   7

복도의 아이   15

어린 시절의 독서   21

첫 번째 선물 수퍼로텍스   27

라디오와 함께 살았던   32

부러웠던 이층집 아이   38

소나기, 광화문, U-보트   42

신문 배달 소년과 형들의 방   49

과외 금지 그리고 퇴학당한 아이   54

함박눈 내리던 연합고사일   60

연습장, 여배우 그리고 오드리 햅번	67
전파사, 레코드 가게 그리고 카세트테이프	73
롤러장과 디스코 플레이 리스트	79
동시 상영관과 배우 정윤희	85
공터의 아이들	91
방학과 시골 할머니 댁	97
반공 포스터와 거리 동원	106
위태로웠던 중학교 교실	112
차별을 배우는 교실	118
교복 삼 년 자율화 삼 년	124
교련 수업과 학도 호국단 수련회	130
하얀 운동장의 갈색 트랙	136
이불 밖은 위험해	142
이사 다니던 시절	148
밤낚시와 물안개	153
마음만 소란한 졸업식	158

복도의 아이

원한다고 쉽게 될 수도 없었겠지만, 난 한 번도 교사가 되고 싶다는 꿈을 가져본 적이 없었다. 어떤 선생님을 좋아하거나 존경한다고 생각한 적도 없었다. 내게 선생님은 그냥 무서운 사람이었다. 초등학교 때도 그랬고 중학교와 고등학교를 다닐 때도 그랬다. 나름 친절하고 다정한 분이 있었을 테지만 현재 좋은 기억으로 남아 있는 분은 없다. 대학에서 교사가 꿈이라는 선배와 후배들을 만났을 때 놀란 점은 그들이 선생님에 대한 좋은 기억을 지니고 있다는 사실이었다. 어른이 되어서야 나는 내가 속되게 말하는 '선생 복'이 없었다는 것을 깨달았다.

가끔은 내가 학교에 어머니가 찾아오지 않는 학생, 소풍 때 도시락을 보내지 않는 학생이라 차별받는 것은 아닌가 하는 생각도 했다. 지금 돌아보면 아무 근거 없는 피해의식이었다. 내가 기억하는 선생님들은 다른 학생들에게도 불친절하셨다. 관심을 받는 학생이 소수였으므로 내가 특별히 차별받았다고 말할 수는 없다. 그저 사랑 받지 못하는 다수에 속했을 뿐이었다. 또렷한 기억은 없지만, 선생님의 특별한 관심을 받고 싶었으나 그러지 못해 괜한 미운 감정을 갖게 되었을 가능성이 크다.

생생하게 기억나는 초등학교 6학년 때의 경험이 있다. 담임선생님은 30대 정도의 키 큰 남자분이셨는데 수업을 그리 열심히 하시지는 않았다. 자습이 잦았고 그 시간에 선생님은 창문 옆 교사 책상에 앉아 자기 일을 하셨다. 음악 수업은 다른 여자 선생님이 오셔서 했던 것으로 기억한다. 여름 방학 때 친구들과 함께 학교에 놀러 갔다가 교실에서 공부하고 계시는 선생님을 뵙기도 했다. 칠판에 '情神一道 何事不成'이라는 글씨가 크게 쓰여 있었다. 친구들 사이에서는 선생님이 고시 공부를 하신다는 소문이 돌았다.

2학기 때인 것 같다. 선생님은 학생들에게 모두 '표준 수련장'을 사라고 하셨다. 전과가 상세한 설명 위주의 학습 참고서였다면 수련장은 복습을 위한 일종의 문제집이었다. 집에서 일정 분량을 풀어오는 게 숙제였고 자습 시간에도 주로 수련장을 풀었다. 그리고 선생님은 아주 가끔 숙제 검사를 하셨다. 당연히 숙제를 안 해오는 아이들이 많았다. 그런데 아무래도 그날은 내가 '본보기'로 걸린 것 같았다. 빈 곳이 많은 내 수련장을 보시고 선생님은 무척 화를 내셨다. 어린 나이에도 나는 그 화의 정도가 너무 과하다고 생각했다. 행위에 대한 비난을 넘어 인신공격으로 이어졌다. 내용까지 기억나지는 않아도 모멸감 비슷한 그때의 느낌은 지금도 남아 있다. 그리고 급기야 선생님은 벌이라며 복도에 나가서 숙제를 다 풀고 들어오라고 하셨다. 그렇게 해서 나는 교실에서 쫓겨났다. 반 아이들이 모두 주목하는 가운데 앞문을 열고 나만 홀로 교실 밖으로 나와야 했다.

복도에는 의자도 없고 칠판도 없고 사람도 없었다. 지금 학교와 달리 당시 '국민학교'의 복도는 왁스 칠을 해서 반들반들한 나무 마루였다. 짧은 시간이었지만 나는 어디에 있어야 하고 무엇을 해야 하는지 몰라 당황했다. 문제를 풀라 하셨으니 풀어야 한다는 생각에 복도 끝 계단에 쪼그리고 앉아 억지로 문제를 풀었다. 복도 한복판에 앉아 있을 수는 없다고 생각했던 것 같다. 교실 앞에서 벗어나고 싶었는지도 모른다. 우리 반은 계단에서 두 번째 교실이었다. 눈물이 날 것 같았지만, 너무 당황스럽고 부끄러워 미처 눈물도 흘리지 못했다.

복도란 무엇인가? 복도는 바깥이다. 누군가 교실에서 나를 밀어냈고 나는 많은 사람과 다른 공간에 있었다. 그것도 서늘한 공간, 황량한 공간, 무서운 공간인 복도에. 어른스럽다고 해봐야 초등학생이었던 나는 60명은 족히 넘었을 한 반 아이들에게 얼마나 창피함을 느꼈을까. 친구들에게 아무렇지도 않다는 인상을 주기 위해 얼마나 많은 에너지를 썼을까. 그날 이전부터 내가 불량스러운 학생, 선생님께 미움 받는 학생이었을 수도 있다. 그렇다면 그에 상당하는 합당한 벌을 받았어야 했다. 지금도 나는 문제집을 풀어오지 않은 게 복도로 쫓겨날 만한 일은 아니었다고 생각한다. 그것도 초등학생이.

그 후에 내가 담임선생님을 어떻게 대했는지 어렴풋이 기억난다. 어린 나이였지만 누가 나처럼 담임선생님을 싫어하는지는 쉽게 눈치챘다. 몇몇 아이들은 입에 몹쓸 단어까지 올리며 담임선생님을 비난했다. 복도 사건 이후 나도 그 비난하는 그룹에 합류했다. 이전까지 친하게 지내던 반장과 부반장 아이들에 대해서도 좋지 않은 생각을 가지게 되었다. 예전처럼 어울리기는 했지만, 그들과 담임선생님이 '한통속'이라고 마음대로 규정지었다. 돌아보면 그 친구들에게는 미안한 일이다. 아무 근거 없는 옹졸한 생각이었다.

담임선생님에게는 졸업식 때 다시 한번 상처를 받았다. 졸업하는 학생들에게는 다양한 종류의 상이 수여된다. 운동장에서 진행된 졸업식에서 임원이었던 학생, 공부 잘한 학생, 개근한 학생들의 이름이 불렸고 그들은 각기 상을 받았다. 물론 단상에는 대표 한 사람이 올라갔지만. 졸업식 며칠 전 선생님은 우리 반에서 상을 받는 학생 명단을 발표하셨다. 짐작대로 내가 선생님과 '한통속'이라고 생각한 아이들이 여러 상을 받게 되었다. 그리고 담임선생님은 주목조차 하지 않았겠지만 나 역시 두 분야에 상을 받게 되었다. 내 이름을 두 번째 부르게 되자 선생님은 무심결에 "너도 상을 두 개나 받아?"라고 하셨다. 악의 없는 말씀이었겠지만 그 말을 듣는 마음은 약간 복잡했다. 그 마음에는 그래요 두 개 받습니다, 하는 통쾌함과 생각지 않은 학생이 상을 받아 언짢으시지요 하는 냉소가 섞여 있었다.

졸업 후에도 담임선생님을 찾아뵌 친구들이 있었다고 들었다. 다행히 함께 가자고 내게 권하는 친구는 없었다. 몇 년 전 동창 모임에서 연세 드신 선생님을 모시고 저녁이라도 먹자는 의견이 나왔다. 친구들은 모두 아름다운 기억을 꺼내 들었다. 용기를 주셨다는 둥 멋지셨다는 둥. 그때 내가 진지하게 동창들에게 물었다. 너희 정말 그 선생님이 훌륭하셨다고 생각하니? 학생들을 잘 살펴 주셨다고 생각하니? 이 질문에 자신 있게 답하는 동창은 없었다. 사실과 상관없이 아마도 그들은 과거를 아름답게 기억하고 싶었을 것이다. 친구들의 환상을 깬 건 미안하지만 나에게는 여전히 섭섭한 마음이 남아 있었다.

내가 선명하게 기억하는 가장 먼 과거는 초등학교 6학년 때이다. 더 어린 시절에 대한 기억은 맥락이 안 맞거나 이미지만 남은 경우가 많다. 그중에서도 담임선생님에 대한 기억이 가장 뚜렷하다. 기쁘고 행복한 기억보다 상처받은 기억이 더 오래 선명하게 남는 것일까? 지금의 교사 수준이나 교육 환경은 수십 년 전과는 비교조차 할 수 없을 만큼 좋아졌을 것이다. 어른이 되어서는 주변에서 좋은 선생님을 뵌 적도 많다. 그러나 여전히 내 마음속 깊은 곳에까지 변화가 일어났다고 말하기는 어렵다. 그때의 경험이 너무 강렬했나 보다.

* 몇 년 전 아주 오랜만에 당시 한 반이었던 친구를 만났다. 그때 친구에게 내가 기억하지 못하는 이야기를 들었다. 어느 날 선생님은 수업도 안 하시고 학교가 너무 지저분하다는 말씀을 한참 하셨다고 한다. 깨끗한 학교를 만들기 위해 어떻게 해야 하는지 학생들이 발표해 보라고도 하셨던 모양이다. 선생님은 유난히 청소에 집착하셨고, 이전에도 이런 식의 이야기를 많이 하셨다. 그 친구의 말에 의하면 선생님의 말씀이 끝나자 내가 손을 높이 들어 의견을 냈다고 한다. 학교 건물 입구나 운동장에 담배꽁초가 많아 학교를 더럽히므로 담배꽁초를 버리지 말아야 한다고. 내 발표를 듣고 아이들은 키득거렸고 선생님은 표정이 좋지 않으셨다고 한다. 초등학생이 담배를 피우고 꽁초를 운동장에 버리지는 않았을 것이다. 지금도 그 친구가 그때를 기억하는 이유는 자기도 나의 발언이 무척 통쾌했기 때문이라고 한다. 그리고 중년이 된 우리는 속없이 다시 한번 깔깔거렸다.

어린 시절의 독서

책 읽기는 내게 취미이자 일이다. 언제부터 내가 책 읽기를 좋아했는지는 말하기 어렵다. 우리 집에는 그 흔한 문학 전집 한 질이 없었다. 백과사전도 없었고 독서가 취미인 식구도 없었다. 그런데 내가 무슨 이유에서 책 읽기 취미를 가지게 되었는지, 지금 생각해도 신기한 일이다. 부족했기 때문에 오히려 동경하게 되었다고밖에는 설명할 수 없다. 그 동경은 단순히 물질에 대한 소유욕이었을 수도 있다. 물질로서 책을 좋아하는 것과 독서 취미가 꼭 일치하지는 않겠지만, 서로 무관하다고 말하기도 어렵다.

어린 시절에는 집에 책이 많은 친구가 무척 부러웠다. 그런 친구 집에 놀러 가면 책장에 꽂힌 책을 빼보거나 며칠 빌려 읽기도 했다. 초등학교 6학년 때 몇 번 놀러 갔던 같은 반 친구 K의 집 거실이 지금도 기억난다. 그 친구는 당시 흔하지 않던 아파트에 살고 있었다. 거실 책장에는 문학책들이 질서 정연하게 꽂혀 있었다. 그중에서도 유리를 끼운 장식장 속에 자리 잡은 시집들이 유난히 눈에 띄었다. 친구가 뽑아보면 안 된다고 해서 마음대로 꺼내 보지는 못했다. 그 책들의 주인인 친구 아버지는 1970년대 아주 유명한 시 동인의 일원이셨다. 그때 나는 어렴풋이나마 '책으로 가득한 거실'이라는 꿈을 꾸었던 것 같다.

중고등학교 때까지 내가 사랑했던 책은 계림 문고와 삼중당 문고였다. 이들 시리즈는 전집처럼 다양한 목록을 갖추고 있으면서도 낱권 판매를 해서 학생들이 사보기에 좋았다. 계림 문고는 어린이용으로 축약, 번안한 세계문학 전집이었다. 『삼총사』, 『장발장』(레미제라블), 『마경천리』(모비딕), 『해저 2만리』, 『보물섬』, 『사랑의 일기』, 『명탐정 호움즈』, 『괴도 루팡』 등 서양의 웬만한 고전은 망라되어 있었다. 국판 정도의 크기에 가로쓰기였는데 너무 눌러서 펴면 가끔 제본이 쪼개지기도 했다. 현재는 발간되지 않는 것으로 안다. 지난 몇 년 동안 나의 독서는 미처 읽지 못했던 계림 문고 읽기였다. 빈 목록 채우기와 완역본 다시 읽기에 빠져 행복한 시간을 보냈다.

내가 서점이라는 공간을 좋아하게 된 것도 계림 문고 덕분이었

---

* 몇년 전 한 출판사의 권유로 『고전의 이유』라는 책을 쓰게 되었다. 주로 서양 유명 근대소설을 해설한 책이다. 목차에 포함된 『돈키호테』, 『로빈슨 크루소우』, 『모비딕』, 『폭풍의 언덕』 등은 어린 시절에 계림 문고로 읽었던 책들이다. 이어 출간한 『고전의 질문』에 포함된 『젊은 베르테르의 고뇌』, 『수레바퀴 아래서』, 『죄와 벌』 역시 그렇다. 다른 기회에 『천일야화』, 『드라큘라』, 『셜록 홈즈』에 대한 글도 쓴 적이 있다.

다. 초등학교 고학년 때 집에서 학교까지는 버스 두 정거장 정도 거리였다. 큰길을 하나 건넌 후 비교적 한가한 이면 도로를 따라 등하교했다. 그 길에 작은 동네 서점이 있었다. 한쪽 벽면 가득 어린이용 책들이 꽂혀 있었는데 그 책들을 구경하는 게 참 좋았다. 낱권으로도 파는 전집류와 문고류가 모여 있는 서가였다. 지금으로 치면 출판사별 세계문학 전집이 꽂혀 있는 대형서점의 서가 느낌이었다. 보고 싶은 책 마음대로 살 만큼 주머니 사정이 좋지는 않았어도 그때 서점 들리는 재미를 처음 알게 되었다. 책을 자주 사지 않아도 서점 주인에게 잔소리를 듣거나 하지는 않았다.

삼중당 문고는 대표적인 문고판 전집이었다. 요즘 말하는 가성비 측면에서 따라올 책이 없었다. 손바닥보다 조금 큰 작은 크기였지만 볼륨은 지금 단행본에 뒤지지 않았다. 어린 마음에도 작은 책에 많은 정보가 들어있는 게 좋았다. 깨알같이 작은 글씨에 세로쓰기로 인쇄된 삼중당 문고는 왼쪽으로 페이지를 넘기는 책이었다. 이후에 가로쓰기로 바꾸어 출간되기도 했는데 그때 나는 이미 삼중당 문고에서 벗어나 있었다. 종류도 무척 다양했다. 한국문학과 세계문학은 물론 수필과 철학 관련 책도 있었던 것 같다. 지금은 문고판뿐 아니라 페이지에 글자가 빽빽이 들어찬 책도 찾아보기 어려워졌다. 몇 시간이면 읽을 수 있는 가볍고 얄팍한 책들이 독자들의 사랑을 받는 모양이다. 나는 지금도 두툼한 책의 질감이 주는 만족감과 즐거움이 따로 있다고 생각하는 편이다.

중학교 때 삼중당 문고로 『카라마조프의 형제들』을 읽었다. 서너 권으로 분책되어 있었던 것으로 기억한다. 국어 선생님께서 좋은 책이라 추천하시길래 무작정 읽기 시작했다. 무슨 뜻인지 이해하지 못하면서도 끝까지 읽고 말겠다는 고집으로 다 읽기는 했다. 이후에 열린책들 판으로 『카라마조프의 형제들』을 다시 읽을 기회가 있었는데 중학생 주제에 이 어려운 책을 무슨 생각으로 읽겠다고 덤볐을까 하는 생각을 했다. 독서의 성취감을 완독에서 느끼는 지금의 독서 습관이 그때도 있었던 모양이다.

역시 중학교 때인데 학교 독서 서클에 가입했던 적이 있었다. 그 서클은 회원을 공개 모집하지 않고 선배들이 알음알음으로 신입생 회원을 뽑았다. 새 학기가 시작되고 얼마 지나지 않은 어느 날 두세 명의 선배가 교실로 찾아와 "네가 ○○○이냐?"라고 묻고 잠시 나와 보라며 조용한 곳에서 입회 제안을 했다. 서클의 이름은 ESL이었다. 첫 번째 토론 과제로 읽은 소설이 황순원의 「소나기」였다. 무슨 이유에선지 두 번째 모임 이후는 생각이 나지 않는다. 한 번만 참석하고 말았는지, 이후에 기억에 남을만한 일이 없었는지, 불법 모임이라 서클이 바로 없어졌는지, 아니면 또 다른 이유가 있었는지 여전히 짐작이 안 된다.

「소나기」를 읽고 김동인, 김동리, 황순원의 단편소설을 혼자 찾아서 읽기는 했다. 역시 삼중당 문고였는데 황순원 선집의 제목은 『독 짓는 늙은이』였다. 나중에 알게 되었지만, 선배들이 읽으라고 했던 「소나기」는 중3 국어 교과서에 실려 있었다. 순전히 추측이지만 그 서클은 어쩌면 독서만을 위한 모임이 아니었을 수도 있다. 신입 회원을 모집했던 선배들의 면면을 돌아보면 더 그런 의심이 강해진다. 그때는 학교에서 어떤 학생 모임도 만들 수 없었다. 1980년이었다.

고등학교 1학년 미술 시간에 그림 안 그리고 소설책 읽다 압수 당했던 일도 떠오른다. 학교 뒷산에서 야외 수업을 했는데 스케치북 사이에 소설책을 끼고 나갔다가 미술 선생님께 들켜 심한 소리 듣고 책도 빼앗겼다. 책 제목은 『인간 시장』이었다. 장총찬이라는 주인공이 산사에서 무공을 익혀 도시의 나쁜 놈들을 물리치는 무협지 비슷한 소설로 당시 큰 인기를 끌었다. 주인공 장총찬은 모든 여성의 추앙을 받지만 정작 그가 좋아하는 다혜라는 여인에게는 쩔쩔매곤 했다. 친구에게 빌린 책이어서 현금으로 책값을 변상해 주었다. 생각해 보면 방과 후에 선생님께 사과하고 돌려달라고 말할 수도 있었는데, 그때는 그런 주변머리도 없었다.

지금도 가끔 나의 책 읽기가 세상으로 나아가는 길인지 세상에서 멀어지는 길인지 혼란스러울 때가 있다. 책을 통해 세상을 이해하고 인간을 이해할 수 있다는 말은 진실이다. 하지만 책을 읽는 행위 자체는 세상에서 나를 떼어내는 일이다. 그렇게 떨어져서 홀로 세상을 만나는 일은 정면으로 용감하게 세상과 마주하는 방법은 아닌 것 같다. 안전한 관찰자의 자리를 지키며 위험하지 않은 선에서 세상에 나를 보여주는 조금은 비겁한 방식이 책 읽기라는 생각을 한다. 책 읽기가 거기서 멈추면 도피나 회의가 될 수 있다는 누군가의 말에 동의하지 않을 수 없다.

그렇다면 글쓰기는 좀 나은 건가? 책 읽기와 비교하면 그나마 적극적인 행위라고 위로할 수밖에 없다. 독자가 몇 명인지 상관없이 글쓰기는 세상을 향해 작은 목소리라도 내는 일이다. 최소한 글 쓰는 사람의 정신을 치료하는 기능 정도는 한다. 솔직히 말하면 더 무엇을 할 줄 아는 것도 없으니 나는 그렇게 믿고 살 수밖에 없다.

첫 번째 선물 수퍼로텍스

초등학교 때까지 학교에서는 연필 외의 필기구는 쓰지 못하게 했다. 글씨체가 나빠진다는 이유에서였던 것 같다. 동아연필, 문화연필이 대표적인 국산 필기구 상표였다. 중학교에 입학하고는 주로 볼펜을 사용했는데 학생들이 많이 사용한 볼펜은 모나미 153이었다. 이 펜은 지금까지 시판되는 것으로 안다. 빈티지 펜으로 특별히 예쁘게 만들어 전시한 것도 본 적이 있다. 검은색, 파란색, 빨간색 펜이 있었다. 노트 필기가 많던 시절이라 볼펜 심만 따로 사서 갈아 끼워 쓰기도 했다. 최근에는 잉크가 다 되도록 펜을 열심히 쓴 적이 언제인지 가물가물하다. 두 가지나 세 가지 색 볼펜을 테이프로 감아 쓰는 아이도 있었다. 지금처럼 여러 색 심이 든 볼펜이 없던 시절이었다. 연필 대신 샤프펜슬을 쓸 수도 있었다.

　물론 모두 모나미나 동아연필을 쓰는 건 아니었다. 당시에도 외제 필기구를 쓰는 아이들이 있었다. 샤프펜슬이나 지우개는 일제가 많았다. 손잡이를 돌리는 자동 연필 깎기도 그랬던 것 같다. 지금은 많이 좋아졌다고 하지만 당시 국산 필기구는 툭하면 연필심이 부러지고 잉크 찌꺼기가 묻어나곤 했다. 내가 가장 갖고 싶어 했던 필기구는 스태들러 노란 연필이었다. 지우개 달린 노란 연필은 유난히 길어 보이기도 했다. 내가 한때 인터넷 닉네임으로 '노란 연필'을 사용한 것도 그때의 기억 때문이었다. 하지만 어른이 되기 전까지 이 연필을 가져본 적은 없었다. 일제 연필 깎기나 샤프펜슬도 마찬가지이다.

그런 나도 아끼는 필기구를 하나 가지고 있었다. 중학교 때 사용한 독일제 만년필이었다. 일반적인 만년필이 튜브로 잉크를 빨아들이는 방식이었는데, 이 만년필은 꼭지를 나사처럼 돌려 잉크를 끌어올리게 되어 있었다. 뚜껑 역시 나사식으로 돌려 끼웠다. 지금은 생산이 중단된 수퍼로텍스 만년필 파란색이었다. 잉크가 가늘게 나와 파카 등 다른 만년필보다 필기하기 좋았다. (물론 당시에 내가 다른 만년필을 써봤던 건 아니다.) 보급용이었는지, 저가 제품이었는지 얇은 플라스틱으로 제작되어 뚜껑이 잘 부서지는 게 흠이었다. 나 역시 갈라진 뚜껑을 테이프로 감아 썼던 기억이 있다. 한참 애지중지 사용했는데 언제 잃어버렸는지는 기억나지 않는다.

지금 생각해 보면 이 만년필은 내가 아버지께 받은 최초의 선물이었다. 시골에서 결혼하여 서울에 터를 잡으신 부모님은 자식에게 선물을 준다는 생각이 없으셨다. 어린 시절 나는 케이크를 사서 촛불을 끈 적도 없었고 크리스마스라고 산타클로스를 기대한 적도 없었다. 나 역시 가족끼리 선물을 주고받는다는 생각은 하지 못했다. 성인이 되어서도 선물은 자식이 부모님께 드리는 것으로 생각했다. 늘 모든 것을 제공해주는 부모가 자식에게 무엇을 주든 그것은 일상이지 이벤트가 아니었다. 그래서 아버지께 만년필을 받았을 때 나는 그걸 선물이라고 생각하지 못했다.

내가 필요로 했던 물건들은 대부분 어머니의 손에 의해 전달되었다. 옷이나 신발에서 용돈까지 예외는 없었다. 그런데 이 만년필은 직접 아버지의 손에서 내 손으로 전달되었다. 그날 아버지는 약주를 조금 하신 상태로 귀가하셔서는 책상에 앉아 공부하고 있는 내게 무언가를 어색하게 건네주셨다. 문을 등지고 앉아 있다가 받았기에 그때 아버지께서 어떤 표정을 지으셨는지는 알 수 없었다. 그래도 이게 선물이 아니고 무엇이었겠는가. 특별히 나를 위해 장만해서 직접 전해 주신 물건. 평생 받은 선물 중 무엇이 가장 인상적이었는지 현재 시점에서 답하라면 나는 주저 없이 이 만년필을 말할 수밖에 없다.

그렇다면 그 선물이 왜 펜이었을까. 해답은 순전히 내 상상일 수밖에 없다. 아버지는 평생 실외에서 일하셨다. 농사, 장사, 건축 등 돈 되는 일을 찾아 동분서주하셨으니, 사무실에서 펜을 잡고 일하는 이들을 부러워하셨을 수도 있다. 땀 흘리는 현장에서 보면 시원한 곳에서 편안하게 일하는 그들이 권력을 가졌다고 느끼셨을 만하다. 회계사, 세무사, 공무원 등 일하시면서 만나셨을 이들을 떠올리면 더 그렇다. 아버지께서는 그런 직업이 좋은 직업이라고 생각하셨을 것이다. 아들이 그런 직업을 갖고 살아가기를 바라셨을지 모른다. 아니 틀림없이 그런 생각을 하셨을 것이다. 중학교 입학 후 첫해 나는 반장이었고 처음으로 반에서 1등을 했다. 그와 관련하여 아버지께서 기뻐하셨던 모습도 축하해 주신 말씀도 기억에 없다. 억지로 짜 맞추어 보면 아버지는 기쁨과 기대를 이 만년필에 담아서 내게 선물하셨을 것이다.

    이는 모두 어른이 되어 든 생각들이다. 눈치도 없고 불만도 많았던 중학생의 눈으로 어떻게 선물의 의미를 알아챌 수 있었겠는가. 웬일로 이런 걸 다 사주시나 정도 생각하고 말았기 쉽다. 감사하는 마음보다 물건에 대한 호기심과 자부심이 더 컸을 게 분명하다. 학교에 가서 친구들에게 은근히 자랑이나 안 했는지 모르겠다. 다른 필기구 가진 친구들에 대한 부러움이 좀 줄어들었을 수도 있다. 만년필은 우리 집에 한 번도 존재해 본 적이 없는 물건이었다. 아버지는 그런 걸 사는데 허튼 돈을 쓰시는 분이 아니셨다. 그때 나는 특별한 것이 왜 특별한지 생각지도 못했다.

    내가 아버지의 이런 소망을 조금은 풀어드렸다고 느낀 적이 있었다. 정규직으로 취직되었다는 소식을 알려드렸을 때 아버지는 무척 기뻐하였다. 아버지가 기쁨으로 그렇게 목소리를 높이신 일은 전에도 후에도 없었다. 전화기 너머에서 '잘 했다'고 몇 번이나 말씀하시던 목소리가 지금도 생생하다. 어머니와 함께 장을 보고 계신다고 하셨다. 전화기로는 시장 고유의 소음이 분명히 느껴졌다. 어쩌면 그때 아버지가 처음 기뻐하신 것이 아닐지도 모른다. 그때가 되어서야 그런 모습을 알아챌 수 있을 정도로 내가 철이 들었던 건지 모른다.

이제 선물을 주시던 아버지 나이보다 지금의 내 나이가 훨씬 많아졌다. 그리고 그때의 나보다 더 나이 든 아들이 둘 있다. 아이들을 보면 이런 생각이 든다. 아들이 아버지에 대해 무엇을 알겠는가. 감정 표현이 서툰 속마음을, 칭찬할 줄 몰라 그저 웃고 마는 쑥스러움을, 걱정을 야단으로밖에 드러내지 못하는 어리숙함을, 환경 때문에 이루지 못한 삶의 아쉬움을, 자식에게 절대 드러낼 수 없었던 열등감을. 아들은 모른다. 최소한 나는 그랬던 것 같다.*

---

* 최근에 인터넷 쇼핑몰에서 수퍼로텍스 만년필 재고를 하나 구입했다. 구매 후기를 보며 나처럼 이 만년필을 기억하는 사람이 많다는 사실에 조금 놀랐다. 배달된 만년필은 요즘 제품과 비교하면 조악했다. 포장도 뜯지 않고 잘 보관하고 있다.

라디오와 함께 살았던

　사람들은 열여섯에 듣던 음악을 평생 들으며 산다고 한다. 얼마나 엄격한 조사와 통계에 기초한 주장인지는 모르지만, 개인의 경험으로 보면 꽤 그럴듯한 말인 것 같다. 지금도 나는 대략 중학교 때 들었던 음악을 들으면서 지낸다. 그때그때 유행하는 음악들을 열심히 찾아 들은 적도 있었다. 그러나 어느 시점이 되니 새로운 음악을 따라가기가 어려워지고 불편해졌다. 점점 신경 쓰지 않고 흥얼거릴 수 있는 익숙하고 편안한 음악을 찾아 듣게 되었다.
　내가 중학교에 다니던 1980년대 초반에는 지금처럼 가요가 대중화되지 않았었다. 가수로는 조용필의 인기가 가장 높았고, 대학가요제와 그와 유사한 가요제 출신의 젊은 가수들도 인기를 끌었다. '잊혀진 계절'을 부른 이용이 잠시 엄청난 인기를 누렸고 전영록을 좋아하는 여학생도 많았다. 밴드로는 산울림이 거의 독보적인 위치에 있었고 고등학교 졸업 때쯤 들국화가 등장했다. 나는 신중현이나 송

창식, 이장희 등의 가수들을 좋아할 나이는 아니었다. 김현식이나 조동진 정도가 우리 세대가 좋아하던 나이든(?) 가수였다.

당시 남자 중학생들은 주로 영국이나 미국의 Rock 음악을 들었다. 특별한 선호가 있어서 그런 아이들도 있었겠지만, 그저 겉멋이 든 아이들도 많았다. 나 역시 그런 헛바람 든 아이 중 하나였다. 당시에는 음악을 들을 수 있는 통로가 지금처럼 다양하지 않았다. Mp3가 있었던 것도 아니고 원하는 만큼 LP나 카세트테이프를 살 수 있는 형편도 아니었다. 실시간 스트리밍 같은 건 상상도 하지 못했다. 다행스럽게도 당시에는 FM 라디오가 음악적 갈증을 풀어주었다. 당시 FM 라디오 방송에는 지금처럼 여럿이 나와 수다를 떠는 프로그램은 별로 없었다. DJ의 간단한 소개 말고는 음악만 흘러나오는 정통 음악 프로그램이 많았다.

나는 M 방송 FM을 주로 들었다. 초저녁에는 '박원웅과 함께'라는 프로그램을 들었다. 영어 발음을 독특하게 하는 목소리 좋은 분이 DJ였다. 10시부터는 '이종환의 밤의 디스크 쇼'가 방송되었다. 이 프로그램에서는 언제부턴가 주말 공개 방송을 했다. 낮에 집에 있는 날에는 오후 2시 방송도 들었다. 지금은 누가 진행하는지 모르겠지만 그때는 '김기덕의 2시의 데이트'였다. 순수하게 외국곡만 방송하는 프로그램이었다. 빌보드 차트 순위를 자주 소개해 주었고 매년 연말이나 연시에는 한국인이 좋아하는 팝송 순위를 정해 차례로 방송했다. 낮 방송이어서 그랬겠지만 DJ는 좋게 말하면 호탕하고 나쁘게 말하면 경망스럽게 웃곤 했다. 그 프로그램에서는 'Pops Pm2'라는 잡지를 발간하기도 했다. 에로이카 오디오 매장에서 무료로 받을 수 있었다.

'박원웅과 함께'에서는 '예쁜 엽서전'을 열었다. 처음에는 프로그램 행사였다가 인기가 있었는지 방송국 이름을 건 행사가 되었다. 당시에는 음악 프로그램에 신청곡과 사연을 적어 보내는 것이 유행이었다. 일주일 전쯤 도착하게 엽서를 보내면 방송에 사연이 소개될 수 있었다. 엽서전은 그렇게 도착한 엽서 중에 예쁜 것들을 뽑아서 연 전시회였다. 일등 상으로 오디오가 제공되었던 것으로 기억한다. 엽서전을 보기 위해 친구들과 함께 삼성동이나 대림동의 전시장으로 놀러 가기도 했다.*

당시 DJ는 학생들에게 매우 인기 있는 직업이었다. 방송국에서 주최한 '대학생 DJ 콘테스트'가 있을 정도였다. 제 1회 대회에서는 성시완이라는 대학생이 대상을 차지했고 이듬해 대한민국 최초의 Progressive Rock 및 Art Rock 전문 프로그램인 '음악이 흐르는 밤에'

---

* 홈페이지나 문자로 신청곡을 보내는 지금과는 매우 다른 풍속이었다. 엽서의 내용이 방송되길 바라며 몇 주의 시간을 기다릴 만한 여유가 당시에는 있었다. 약속도 마찬가지였다. 당시에는 헤어질 때 다음 약속을 정하거나 집 전화로 약속을 정했다. 휴대 전화도 삐삐도 없이 시간과 장소가 유일한 정보였기에, 수십 분 혹은 한두 시간을 기다리는 일이 흔했다. 지금 사람들은 비효율적이라 생각할지 모르지만 그래도 당시 사람들은 잘 만나고 잘 살았다.

를 진행했다. DJ 김광한, 황인용도 인기가 많았는데 다른 방송국 프로그램을 진행해서 나는 그들의 방송을 거의 듣지 못했다. 주류와 다른 음악을 소개했던 전영혁은 내가 대학 다니던 시절에 등장했다. 지금도 방송하고 있는 배철수는 그다음 세대인 셈이다.

우리 동네 남자 중학생들에게 가장 인기 있던 그룹은 Deep Purple과 Led Zeppelin이었다. 몇몇 아이들은 어느 밴드가 더 우월한가로 논쟁을 벌이기도 했다. 쉬는 시간에 교실 뒤에서 봉 걸레를 들고 에어 기타를 치는 아이들도 있었다. 봉 걸레 밴드에게는 'Smoke on the Water'나 'Highway Star'가 최고 인기곡이었다. Beatles나 BeeGees의 인기도 좋았다. 공중파 티비에서 Simon and Garfunkel의 센트럴 파크 공연이 녹화 방송된 것도 내가 중학교 다닐 때였다. 이후 이들의 음악을 좋아하는 아이들도 꽤 많이 생겼다. 더 잘난체하는 아이들은 Pink Floyd나 King Crimson의 음악을 들었다. 거기에 더해 나는 Moody Blues의 음악을 좋아했다.

이제 이름도 기억나지 않는 중학교 1학년 때 내 짝은 Pop 음악을 무척 좋아했다. 그는 수업 시간에 강의 내용 대신 영어 가사를 노트에 적고는 했다. 어제 라디오에서 어떤 음악이 나왔는지를 내게 이야기해 줬고 유명한 밴드의 프로필도 훤하게 꿰고 있었다. 수업 시간에 서로 좋아하는 Pop Song 제목 적기 내기를 하다가 선생님께 들켜 혼난 적도 있었다. 그 친구는 ELO의 음악을 좋아했다. 그때 친구가 알려준 노래 가사 중 지금 기억나는 것은 BeeBees의 'Don't forget to remember'뿐이다.

　유일하게 기억나는 교생 선생님은 중학교 2학년 때 미술 선생님이다. 어느 날 칠판에 노래 가사를 적고 직접 노래도 불러주셨는데 그 장면을 지금도 잊지 못한다. John Denver의 'Today'라는 곡이었다. 어느 날 우연히 사진을 뒤적이다가 당시의 소풍 단체 사진을 발견했는데 가장자리에 내가 서 있고 선생님이 내 팔짱을 끼고 계셨다. 아마 교생 선생님과 꽤 친했던 모양이다. 그때는 선생님이 어른이라고 생각했는데 지금 보니 어린 대학생 느낌이 난다. 나는 군복 닮은 검정색 교복을 입고 교복 모자는 눈이 보이지 않을 만큼 깊이 눌러 쓰고 있었다.

　내가 그 시절에 음악을 많이 들었던 가장 큰 이유는 외로워서였다. 집에 오면 공부 말고는 할 일이 없었다. 하지만 공부를 좋아하는 학생이 어디 있었겠는가. 그나마 음악 덕에 책상 앞에 앉아 있기라도 했던 것 같다. 나는 저녁을 먹자마자 밖으로 나가 친구들과 거리를 쏘다니는 그런 성격도 아니었다. 이야기할 사람도 없고 텔레비전만 보고 있을 수도 없는 긴 저녁 시간, 라디오가 없었다면 그 시간을 어떻게 보냈을지 짐작조차 되지 않는다.

　어린 시절 음악을 많이 들었던 게 지금은 나에게 큰 축복이다. 여전히 혼자 책상 앞에 앉아 있는 시간이 많은 내게 음악은 지루함을 덜어주는 좋은 친구이다. 그 시절 듣던 음악, 놓쳤던 음악을 찾아 편안하게 듣기를 즐긴다. 이제 Mp3도 있고 Youtube도 있어서 순서를 잡아 그때보다 체계적으로 좋아하는 음악을 들을 수 있다. 여전히 라디오도 가끔 듣는다. 지금 나의 블루투스 스피커로 흘러나오는 음악은 Fleetwood Mac의 'Go Your Own Way'이다. 당시에는 그런 생각을 못했지만, 어쩌면 내 중학 시절이 꽤 괜찮았던 것인지도 모르겠다.

부러웠던 이층집 아이

내가 선명하게 기억하는 과거는 초등학교 6학년 때부터이다. 전학을 자주 다니고 해서 그런지 그 이전 기억은 뚜렷하지 않다. 6학년 때 어울리던 친구들과는 중학교 때에도 가깝게 잘 지냈다. 그런데 중학교를 졸업하고 나만 홀로 Y 고등학교 배정을 받았고 친구들은 H 고등학교 배정을 받았다. 대학생이 되어 몇 번 만나 술도 마시고 했지만, 각자 사회생활을 한답시고 졸업 후에는 오랫동안 보지 못했다. 결혼하여 내가 동네를 뜨고 나서는 우연히 만날 기회조차 없었다.

6학년 때는 뒷줄에 앉았던 몇 명의 아이들과 특별히 친하게 지냈다. 학교를 마치면 이리저리 몰려다녔고 서로 친구 집에 가서 놀기도 했다. 모임의 중심에는 친구 L이 있었다. 부산말을 쓰시는 친구 어머니는 무척 친절하셨고 아들의 친구들에게 관심도 많으셨다. 시도 때도 없이 그의 집에 놀러 가서 밥도 얻어먹고 가끔 잠까지 잤다. 두 살 터울의 두 동생과도 친했다. 오래 잊고 지내다가 십여 년 전쯤 어머니를 한 번 뵈었다. 슬프게도 친구 장례식에서였다. 내게 많은 추억을 안겨주었던, 큰 안경을 썼던 그 친구는 암으로 일찍 세상을 떴다.

L의 집 구조는 어린 내게 무척 인상적이었다. 이층집이었는데 아래층은 부모님이 쓰시고 위층은 3남매가 썼다. 내부 계단을 오르면 왼쪽으로 난간이 있었다. 난간 안쪽에 좁은 복도가 있어 아래층 거실을 내려다볼 수 있는 구조였다. 그 복도 벽 쪽으로 높은 서가가 놓여 있었다. 친구는 난간 앞에 앉아 아무렇게나 책을 뽑아 읽고는 했다. 나도 그를 따라서 책을 읽었고 읽다 만 책은 빌리기도 했다. 어렸을 때 가본 친구 집 중 그 집이 제일 맘에 들었다. 나도 그때 새로 지은 집에서 살고 있었으니 단순히 건물이 좋아서만은 아니었을 것이다.

이후 그 친구와 한 반이 된 적은 없었지만, 주말에는 자주 어울려 놀았다. 여전히 그의 집이 친구들의 아지트였다. 생각해 보니 이 친구가 우리 집에 왔던 건 초등학교 때 한 번인 것 같다. 중학생 때 우리 집이 이웃 동네로 이사했기 때문이다. 중학교 3학년 때 나의 첫 미팅을 주선해 준 것도 이 친구였다. 예쁜 엽서전에도 함께 갔었다. 함께 선데이 서울에 실린 여성 비키니 화보를 보며 낄낄거리던 기억도 있다. 어디서 구했는지 모를 이상한 만화나 잡지도 함께 봤다.

L은 어리바리했던 나를 친절히 대해준 좋은 친구였다. 전학을 와서 친구가 많지 않았던 나와 달리 그에게는 친구가 많았다. 취미도

다양해서 그는 노래하고 운동하고 사람 만나는 걸 모두 좋아했다. 공부도 나보다 늘 잘했다. 그와 어울려 다니면서 나는 강하게 내 주장을 펼친 적이 없었다. 그런데 그가 만나는 다른 그룹 친구들과는 끝내 친해지지 못했다. 같은 학교에 다녔으면서도 그들이나 나 일부러 친해지려는 노력을 하지 않았다. 어쩌다 그들과 어울리게 되면 알 수 없는 소외감 같은 걸 느끼기도 했다. 지금도 설명하기 어렵지만 일종의 자격지심이 있었다고나 할지.

마지막으로 그를 만났던 건 대학 때다. 서로 다른 대학에 다녔어도 연락이 되면 동네 친구들은 신촌에 모여 술을 마시곤 했다. 당시는 학생이나 시민들 모두 정치 상황에 민감할 때였다. 경제학과에 다니던 이 친구는 대학생 시위에 부정적이었다. 정치적으로도 매우 보수적인 태도를 보였다. 나를 비롯해 함께 만난 친구들이 당시 정치 상황에 대해 이런저런 이야기를 했지만, 그의 태도는 별로 달라지지 않았다. 이야기하다 지친 나는 결국 그의 생각을 비웃었던 것 같다. 정치적으로 무지한 사람 취급을 했던 것 같기도 하다. 개구쟁이였지만 언제나 신사적이었던 친구가 화를 냈다. 상황을 파악한 나는 바로 미안하다고 사과했다. 그 사과를 친구가 진심으로 느꼈을지는 지금도 의심스럽다. 돌아보면 부끄럽고 미안한 일이다. 부족한 논리를 합리화하려 일부러 비열한 태도를 선택했던 것이 아니었나 의심한다. 어떤 말을 주고받았던 친구나 나나 얼마나 대단한 확신을 갖고 떠들었겠는가.

지금 이 친구의 이름은 금기어이다. 나보다 오래 어울렸던 동네 친구들은 차마 그의 이름과 추억을 입에 담지 않는다. 오랜만에 옛 친구들을 만난 술자리에서 내가 생각 없이 그의 이름을 꺼냈을 때 흐르던 좌중의 어색한 분위기가 지금도 서늘하게 느껴진다. 주변 친구들에게 두루 좋은 영향을 미쳤고 만나면 늘 즐거움을 주었던 사랑하는 친구에 대해 함부로 말하지 않는다는 것이 그들에게는 무언의 약속이었던 것 같다. 그래서인지 이 글을 쓰고 있는 나의 마음도 갈팡질팡 왔다 갔다 한다. 이 파일을 지워야 할지 남겨야 할지도 잘 모르겠다. 부디 좋은 곳에서 잘 쉬고 있기를 바랄 뿐이다.

소나기, 광화문, U-보트

지금 돌아보면 중학생은 아직 어린아이일 뿐이다. 하지만 그 나이의 아이들은 그렇게 생각하지 않는다. 당시의 나도 그랬다. 조숙한 아이들은 이미 키도 다 자라서 사뭇 어른티를 내고 다녔다. 지금 중학생들과 비교해 보면 그 시절 아이들에게는 공부 스트레스도 많지 않았다. 우리는 걱정이 없었고 자신도 있었으며 늘 할 일을 만들었다. 음악을 좋아하는 친구들은 교실 뒤에서 걸레 자루를 들고 Deep Purple의 'Highway Star'나 'Smoke on the Water'의 에어 기타를 격렬하게 쳐댔다. 나는 해가 뉘엿뉘엿 저물어 가는 학교를 떠나기 싫어 일 없이 빈 운동장을 바라보고 앉아 있기도 했다. 유일하게 학생 자율권이 보장된 미술실에 모여 그 나이 또래가 나눌만한 가장 흥미진진한 이야기를 숙덕거리기도 했다. 그래 봐야 새로 오신 교생 선생님 중 누가 예쁘다느니, 미혼이신 생물 선생님이 누구와 연애를 한다느니, 초등학교 동창 여자애를 누가 만났다느니 하는 근거도 없고 의

미도 없는 맹랑한 이야기들이었지만.

그렇게 시간을 보내던 중학교 3학년 봄, 나는 처음으로 이성 친구를 사귈 뻔했다. 내가 다니던 중학교는 봄이면 사생대회와 백일장을 겸한 야외 행사를 했다. 하루 수업을 쉬고 학교 밖으로 나가는 고마운 행사였다. 그해의 대회장은 종묘였다. 그때 아이들의 말대로 하면 서울 변두리 촌놈들이 오랜만에 도심에 진출한 것이었다. 수상에는 추호의 관심도 없었던 친구들과 나는 일찍 과제를 마치고 종묘 안을 어슬렁거리고 다녔다. 날 좋은 봄을 맞아 우리처럼 밖으로 나온 다른 학교 학생들이 곳곳에 흩어져 있었다. 남학생들은 모두 금빛 단추에 호크가 달린 검은 교복을 입고 있었고 여학생들은 넓은 치마에 흰 칼라가 달린 교복을 입고 있었다. 심심한 우리는 누가 먼저랄 것도 없이 '헌팅'을 시도하기로 했다. 단어는 험하지만 여기까지 왔는데 여학생들에게 말이나 한번 걸어보자는 거였다. 당시 기준으로 우린 모범생이었다.

'헌팅'이 어떻게 진행되었는지는 기억나지 않는다. 나는 아마도 여기저기 기웃거리다가 말았을 것이다. 지금은 좀 달라졌지만, 그때 나에게는 낯선 사람에게 용감하게 말을 걸만한 주변머리가 없었다. 무슨 일에든 참여하기보다 구경하기를 좋아하는 아이였다. 주변의 증언에 의하며 아주 어릴 때부터 그런 성향이 있었다고 한다. 그리고 친구들과 어울려 시내를 돌아다니다가 집으로 돌아왔을 것이다.

종로에서 친구들과 무엇을 했을지 짐작은 할 수 있다. 가까운 세운 상가에서 흔히 '빽판'으로 불리던 레코드 구경을 했든지, 집으로 가는 버스가 있는 광화문까지 가게를 기웃거리며 걸었든지, 그 사이에 있는 종로서적에 들러 책 구경을 했을 것이다.

백일장 후 한두 주가 지나고 예상치 못한 일이 벌어졌다. 친구 중 한 명이 종묘에서 만난 여학생과 전화 연락이 된 것이다. 아마 그날 약간의 대화 끝에 전화번호를 받아왔던 모양이다. 그것만으로도 신기한 일이었는데 이후에 더 놀라운 일이 벌어졌다. 몇 번의 전화 연락으로 둘이 만나기로 했는데 여학생 친구들이 함께 나온다는 것이었다. 자연스럽게 단체 미팅 환경이 조성되었고 나도 그 자리에 끼게 되었다. 대학생이 되어서도 딱 한 번밖에 못 해본 3대 3 미팅이었다. 상대는 시내에 있는 K 여중 학생들이었는데 약속 장소는 우리 동네 근처였다.

그 자리에 가는 기분이 어땠는지는 기억나지 않는다. 겉으로는 덤덤한 척 무심한 척했을 가능성이 크다. 세상일 모두 별거 아니라는 듯 거만한 태도를 보이는 것이 잘난 건 줄 알던 시절이었으니까. 계절은 이미 여름에 가까워 우리는 검은 교복을 벗고 하복을 입고 있었다. 지금과 달리 그때는 외출할 때도 교복을 입었다. 우리는 긴 바지에 반팔 셔츠를 입고 사냥 모자 찌그러뜨린 것 같은 파란색 모자를 썼었다. 여학생들도 정갈한 반팔 교복을 입고 왔다. 처음 만난 곳은 기억나지 않는다. 서로 인사하고 소개하기에 적당한 자리였으리라 짐작할 뿐이다. 그리고 자리를 옮겨 근처 공원으로 갔다. 누구는 벤치에 앉아 있었고 누구는 보도를 따라 천천히 걸었다. 어찌어찌하다 보니 나는 셋 중 머리카락이 짧은 한 여학생과 짝이 되었다. 모든 일은 수완 좋은 친구 L이 이끄는 대로 진행되어 갔다.

우리는 동네 탁구장에 갔고, 탁구장을 나와서는 버스를 타고 당시 유명했던 '인공 폭포'를 구경했다. 거기서 어떤 말들을 주고받았는지는 기억나지 않지만, 함께 모여 있던 풍경은 머릿속에 그려진다. 서로 수줍고 조심스러웠던 건 말로 다 할 수 없을 정도였다. 그래도 이성에 대한 호기심으로 마음은 가장 높은 곳까지 올라가 있었다. 지금은 그때 내가 무슨 말을 했을까가 무척 궁금하다. 한껏 폼을 잡고 유명한 서양 소설가 이야기를 했을까? 전날 밤 라디오에서 들은 음악 이야기를 했을까? 상대방의 취미나 학교생활에 대해 질문하는 센스를 발휘했을까? 어쩌면 내 청소년기의 가장 아름다운 시간이 거기 있었는지도 모른다.

그런데 문제가 생겼다. 우산도 없이 나왔는데 갑자기 소나기가 쏟아지기 시작했다. 큰길에 면한 작은 공원에는 마땅히 비를 피할 곳이 없었다. 우리는 버스 정류장까지 뛰기로 했다. 강한 빗줄기에 이미 얇은 여름 교복은 다 젖은 상태였다. 비는 쉽게 그칠 것 같지 않았다. 급히 버스를 탔고 버스 안에서 우리는 영화를 관람하기로 결정했다. 광화문 사거리에 있는 국제극장이 목적지였다. 지금은 사라진 동아일보 건너편 국제극장은 버스에서 내리면 멀지 않은 곳에 있었다. 우산이 없었던 우리는 버스에서 내리자마자 머리에 손수건을 얹거나 가방을 올리고 마구 뛰었다. 못 들은 척 했지만, 꼴이 저게 뭐냐며 걱정하는 어른들의 혀 차는 소리가 들렸다. 비에 젖은 하복이 몸에 달라붙어 있는 것을 우리는 몰랐다.

이렇게 우여곡절 끝에 도착해서 본 영화는 <U-보트>였다. 서둘러 달려왔을 뿐 아니라 계획 없이 찾게 된 극장이라 우리는 모두 정신이 없었다. 여학생들은 새삼 축축해진 옷을 확인하며 당황스러워 하는 것 같았다. 하지만 나는 감정의 변화를 즐기고 있었다. 빗속을 정신없이 뛰어오면서 꼭 쥐고 있던 긴장의 끈이 살짝 느슨해진 것 같았다. 안도와 함께 몰려오는 피곤한 느낌도 좋았다. 처음에는 주변 사람들 눈치가 보였지만 곧 주변 사람들을 의식하지 않게 되었다. 우리가 큰 극장의 중심에 있는 것 같았다.

여하튼 우리는 정해진 파트너와 나란히 앉아 영화를 봤다. 당연히 여학생과 영화를 보는 경험은 처음이었다. 내 파트너는 말이 그리 많은 편은 아니었다. 친구들 사이에서도 주도적으로 나서는 스타일은 아니다. 독일 잠수함을 다룬 영화는 나름 재미있었다. 어색함을 속이기 위해 파트너에게 한두 마디를 건네기는 했지만 나는 금방 영화에 빠져들었다. 영화를 보고 나와서 우리는 집 주소와 전화번호를 주고받고 헤어졌다. 왜 집 주소냐고? 그때는 편지를 많이 썼다. 휴대 전화도 없던 시절이었고 거실의 집 전화는 부모님들이 주로 사용하셨기 때문이다.

그렇게 헤어지고 난 뒤 파트너가 된 친구들끼리 연락을 계속했다. 내 친구 중 한 명은 K라는 여학생을 꽤 좋아했다. 학교에서 만나면 그 여학생 이야기를 자주 하곤 했다. 몇 년 전 아주 오랜만에 그 친구와 예전 이야기를 할 기회가 있었다. 그는 그녀의 이름과 그때 자기감정을 명확하게 기억하고 있었다. 실제로 그녀를 꽤 좋아했었다고, 헤어진 게 아쉬웠다고 말했다.

나 역시 짧은 머리 소녀와 여러 번 편지를 주고받았다. 알록달록 편지지에 담긴 그녀의 작은 글씨가 지금도 기억난다. 그녀는 수필이나 소설에서 감성적인 글을 따와 알 듯 모를듯한 이야기를 써 보냈다. 그녀만큼 감수성이 예민하지 못했던 내가 수준에 맞는 답장을 할 수 있었을지 의심스럽지만, 우리는 가을까지 열심히(?) 편지를 주고받았고 전화 통화도 몇 번 했다. 어떤 편지에는 연애 감정 비슷한 게 담겨 있기도 했다. 지금 생각하면 좀 더 친절하고 상냥하게 대해 줄 걸 하는 아쉬움이 남는다. 뭐 하나 분명하게 표현하거나 반응하는 법이 없는 나를 상대하려면 그녀는 꽤 답답했을 것이다.

편지나 전화는 자주 했지만 둘이 따로 만난 건 한 번뿐이었다. 사는 곳이 가깝지 않아 자주 만나려 해도 쉽지 않았을 것이다. 그렇게 중3의 가을이 흘러갔다. 나 말고 두 쌍도 어찌어찌 연락을 않고 지내는 눈치였다. 처음의 호기심과 신비감이 사라지기에는 두 번의 계절이면 충분했던 게 아니었을까 싶다. 국제극장과 <U-보트>는 순전히 좋은 느낌으로만 남아 있는 기억이다. 그렇다면 소중한 추억이라 불러도 좋지 않을까? 어른이 되어서도 시내를 지나다 K 학교를 보면 그때 일이 떠오르곤 했다. 어디서든 잘살고 있었으면 좋겠다.*

---

* 최근 만난 친구 C의 기억에 의하면 국제극장에서 영화를 함께 본 인원은 여섯이 아니라 여덟이었다. 세 쌍 외에 친하게 지내던 남학생 둘이 함께 갔다고 한다. 두 명 중 한 명이 자기였다고 주장하는 친구의 기억이 아마 맞을 것이다. 하지만 나는 남자 둘은 전혀 기억나지 않는다.

신문 배달 소년과 형들의 방

초등학교(그때는 국민학교) 때는 주번이라는 게 있었다. 청소 등 학교 허드렛일을 하는 자리였는데 고학년 학급에서 돌아가며 맡았다. 중고등학교 선도부처럼 저학년 학생들을 지도·감독하는 일도 했었던 것 같다. 학교 근처 건널목에서 선생님을 도와 노란 교통 깃발을 올리고 내리는 일도 했다. 주번이 되면 주번 명찰이라는 걸 달았다. 노란색이었던 것 같다. 그 명찰을 달고 있으면 왠지 평범한 학생들과 다르다는 느낌을 받곤 했다. 이름은 같았지만, 중고등학교 때 청소 당번을 의미했던 그 주번과는 달랐다. 주번 차례가 오면 평소보다 학교에 일찍 등교해야 했다. 그날이 그런 날이었다.

사거리를 건너 학교로 향하는데 뒤에서 누군가 내 이름을 불렀다. 반에서 키가 두 번째로 컸던 H였다. 학교 가는 길인가 하고 생각했는데 그는 가방 없는 빈손이었다. 생각해보니 그의 집은 학교 반대편이었다. 처음에 둘이 무슨 말을 했는지는 기억나지 않는다. 여하튼 학교에 도착하기 전에 그가 새벽에 신문 배달을 한다는 사실을 알게 되었다. 그날은 일을 마치고 집으로 가는 길에 나를 만난 것이었다. 학교에 와서도 머릿속에서 '신문 배달'이라는 단어가 떠나지 않았다. 평소 늘 몰려다니던 같은 반 친구가 그런 힘든 일 그리고 어른들의 일을 한다니 조금 놀라웠다. 늘 어울려 다니면서 그 사실을 전혀 모르고 있었다는 점도 충격이었다.

사실 당시에는 신문 배달하는 학생이 꽤 많았다. 새벽에 가벼운 걸음으로 동네를 뛰어다니는 배달원은 대부분 중고생이었다. 가정 형편이 어려운 아이들만 이 일을 하는 것도 아니었다. 지금으로 치면 신문 배달은 몇 안 되는 학생들 아르바이트 자리였다. 무언가 일을 해야 한다는 생각으로 새벽 공기를 가르는 건강한 학생들이 많던 시절이었다. 그래도 초등학생 배달원은 흔하지 않았다. 그때 내가 H에게 가졌던 감정은 일종의 존경심이었다. 매일 새벽 일어나는 것도 힘든데 어른들처럼 돈을 번다는 건 대단하다고 생각했다. 같은 나이지만 나보다 훨씬 어른스러운 아이라고 느꼈다.

하루는 다른 친한 친구와 둘이 그의 신문 배달을 따라간 적도 있었다. 통행금지가 있던 시절이라 모인 시간은 새벽 4시 직후였다. 이른 새벽 신문 보급소에는 다양한 연령대의 사람들이 모여 있었다. 곧 트럭이 도착해 보급소 앞에 신문 뭉치를 던져 놓고 떠났다. 그 뒤부터는 정신없이 바쁜 시간이었다. 여럿이 달려들어 자신이 배달해야 할 신문 분량을 나누었다. 그리고 그 신문을 쌓아놓고 사이사이에 미리 접어둔 동네 광고지를 끼워 넣었다. 그 작업이 내게는 가장 인상적이었다. 매일 하는 일이라 그런지 그들의 손놀림은 신기할 만큼 빨랐다.

내 친구가 배달하는 신문의 양은 다른 이들의 신문 양과 비교해 적은 편이었다. 정확하지 않지만 이백 부 이하였던 것 같다. 친구는 그걸 옆구리에 끼고 자기 구역으로 가서 신문을 대문 아래로 밀어 넣거나 마당으로 던져넣었다. 당시에는 아파트가 거의 없어서 배달하는 집은 주로 단독 주택이었다. 나는 신문을 나눠 들고 친구 뒤를 따라 뛰었다. 늦지 않게 조간신문을 배달하기 위해 그는 해가 뜰 때까지 쉬지 않았다. 이 친구는 매일 아침을 이렇게 시작하는구나, 나도 저 친구처럼 혼자 이런 일을 할 수 있을까 등 여러 가지 생각을 했다.

궁금증이 일기도 했다. 비슷한 골목 비슷한 집들인데 배달원들은 어떻게 자기가 신문을 넣어야 하는 집을 구분하는 것일까? 한 골목이 모두 같은 신문을 구독하는 것도 아닌데. 친구는 대부분 기억에 의지하지만, 배달원에 따라 대문 옆에 작은 표시를 해두는 일도 있다고 알려주었다. 친구 이야기를 듣고 신경 써서 보니 대문 옆에 그려진 조그만 표시를 발견할 수 있었다.

그의 집은 우리 집 반대 방향으로 학교에서 한 정거장 거리에 있었다. 어머니는 우리 무리를 언제나 반갑게 맞이해 주셨다. 그에게는 중학생과 고등학생 형이 있었는데 수업을 마치고 가면 형들의 방은 거의 비어 있었다. 우리는 대문 바로 옆에 있는 큰형 방에서 놀기를 좋아했다. 겨울밤 그 방에서 보낸 시간이 지금도 추억처럼 남아 있다. 방에는 앉은뱅이책상이 있었고 늘 이불이 펴져 있었다. 책꽂이에는 수학의 정석이니 성문 영어니 하는 책들이 꽂혀 있었다. 그곳에서 우리는 밀실에 들어온 듯한 은밀함을 즐겼다. 동굴에 몰래 숨어 들어온 비밀 결사 같은 기분도 느꼈었다.

그 방에서 나는 여성의 나체 사진을 처음 보았다. 누가 가져온 건지 그 방에 있었던 건지는 기억나지 않는다. 몸집이 큰 금발의 백인 여성이 가슴을 활짝 드러내고 찍은 사진이었다. 그때는 몰랐지만, P로 시작하는 미국 성인 잡지의 한 페이지가 아니었나 짐작한다. 그 이전에도 비키니를 입은 여배우들의 사진은 종종 본 적이 있었다. 거리에서 파는 <선데이 서울>에도 여배우들의 브로마이드가 실리던 시절이었다. 타블로이드판의 싸구려 잡지에도 묘한 사진이 실렸다. 하지만 그처럼 적나라하고 충격적인 사진은 형의 방에서 처음 보았다. 허연 피부와 커다란 몸집에서 나는 위압감마저 느꼈다.

그곳에서 우리는 자신이 알고 있는 확인되지 않은 온갖 정보를 공유하곤 했다. 학교 선생님 이야기, 같은 반 학생들 이야기, 교회 누나 이야기, 형들 이야기를 나누었다. 사실도 아니고 별것도 아닌 일들이었지만, 우리는 그 이야기를 가능한 비밀스럽고 타락한 것으로 만들려고 노력했다. 형의 책상에서 아무 카세트테이프나 꺼내 같이 듣기도 했다. 라디오도 함께 들었다. 고구마와 같은 따뜻하고 배부른 간식도 먹었다. 그러다 방 주인이 돌아오면 다른 친구 집으로 몰려가거나 동네 여기저기를 떠돌았다. 언덕 위 교회 놀이터에도 가보고 동네 야산에도 올라갔다. 그렇게 하루를 보내도 아무 걱정이 없던 날들이었다.

그 시절 우리들은 너나없이 형들의 방을 좋아했다. 형들은 아주 먼 곳에 있는 것 같은, 나와 다른 세상에 있는 것 같은 존재였다. 그를 따라 하면 우리도 조금은 어른이 된 듯한 기분을 느낄 수 있었다. 그것도 남자 어른이 된 것 같은. 그래 봐야 순전히 우리만의 기분이었고 남들은 모두 우리를 어린애로 여겼다는 것을 이제는 알지만 말이다.*

---

* 대학생이 되어 김승옥의 소설 「건」을 읽었을 때 나는 바로 이 형들의 방을 떠올렸다. 조금은 치기 어린 작품이라는 느낌도 받았는데, 그런 느낌을 받은 이유는 나의 어릴 적 경험과 무관하지 않았을 것이다.

과외 금지 그리고 퇴학당한 아이

1980년으로 기억한다. 중학교 생활에 적응해 가던 무렵 갑자기 과외 금지 '조치'가 내려졌다. 국가 위기 상황이 아니어도 '조치'라는 말이 쉽게 쓰이던 시절이라 그런가보다 정도로 생각했다. 사실 크게 관심도 없었다. 과외라고는 초등학교 4학년 땐가 다닌 주산학원 몇 개월이 다였으니 금지라는 말이 내 문제로 느껴지지 않았던 건 당연했다. 그리고 당시 사회는 지금처럼 중학교 때부터 대학 입시에 목을 매는 그런 분위기는 아니었다. 부모들은 자식들 먹여 살리기 바빴고 자식들은 학교 다니는 것으로 충분히 교육받고 있다고 느끼던 시절이었다. 물론 서울 변두리에 살았던 나와 내 주위 친구들이 그랬다는 말이다.

조치의 실감은 과외 금지에 대한 담임선생님의 소회를 들으면서 찾아왔다. 선생님은 이번 조치는 무척 잘된 일이라고 말씀하셨다. 그런데 그 근거가 학생들이 과도한 학업에 시달린다거나 사교육

비용이 너무 많이 든다는 등의 상식적인(내가 생각하기에는 교육적인) 이유에 있지 않았다. 다들 과외를 하니 학교 선생님들도 어쩔 수 없이 과외를 하곤 했는데 이제 그러지 않아도 되어 다행이라고 말씀하셨다. 금지 전에는 능력 없는 교사로 보이지 않기 위해서 원치 않는 과외를 하는 선생님들이 많았다고 하셨다. 이제 선생님들도 방과 후에 자유시간을 가질 수 있겠다는 말씀도 덧붙였다. 나에게는 선생님 말씀이 전혀 상상하지도 못했던, 다른 세상 이야기처럼 들렸다.

얼마 후 그런 말씀을 하시는 담임선생님께서도 방과 후 학생 과외를 해왔다는 소문이 돌았다. 어떤 맥락과 분위기 속에서였는지 모르지만, 같은 반 친구 하나로부터 자신도 담임선생님으로부터 방과 후 과외를 받았었다는 말도 들었다. 불법이 아니라면 문제 될 것이 없는 일이기는 했다. 하지만 그때 나는 소외감 비슷한 감정을 느꼈다. 세상이 조금 무섭다는 생각이 들기도 했다. 그런 식으로 과외를 받는 학생과 그렇지 못한 학생 사이에 존재할 격차 같은 것도 생각했다. 한때 큰 인기를 끌었던 <응답하라 1988>이라는 드라마에는 불법 과외를 연상할 만한 장면이 나온다. 고등학교 교사인 동룡이 아버지가 휴일을 이용해 같은 학교 학생들에게 원소기호를 외우게 하는 장면이다. 다른 시청자들은 재미있다고 웃었을지 모르지만 나는 씁쓸한 기분에 마음이 좋지 못했다. 당시 우리 반 담임선생님 담당 과목은 영어였다.

지금은 과외를 금지한다는 발상에 반대하지만, 나는 이 과외 금지 조치의 혜택을 입은 수많은 학생 중 한 명이었다. 과외 금지는 개인과외 교습과 함께 재학생의 학원 수강까지 제한했다. 그때는 지금처럼 학교 수업을 마친 학생들이 바로 학원으로 향하는 '이상한' 풍경이 없었다. 시간을 아끼기 위해 편의점에서 끼니를 때우고 인기 강의 수강을 위해 어머니가 새벽에 줄을 서는 일도 없었다. 집보다 교실에 머무는 시간이 많기는 했어도 당시 우리는 지금 학생들보다 훨씬 더 여유롭게 중고등학교 생활을 했다. 특히 야간자율학습도 없었던 중학교 때는 친구들과 다양한 경험을 쌓을 수 있었다. 물론 이게 모두 과외 금지 덕이라는 말은 아니다. 과외를 금지할 수 있었던 시대가 지금보다 좋았다고 생각하는 것도 아니다.

같은 해, 담임선생님께서 자기 기분을 학생들에게 거리낌이 없이 토로(?)한 사건이 한 번 더 있었다. 당시 중학교 교육은 의무 교육이 아니었던 모양이다. 분기마다 등록금 때문에 불편한 일들이 있었다. 종례 시간에 등록금을 못 낸 학생들 이름이 불리고 부모님 모시고 오라는 지시가 떨어지는 그런 일들이었다. 전부는 아니었다고 믿고 싶지만, 선생님들은 학생들의 자존심 같은 건 별로 고려하지 않으셨다. 시험 성적과 학급 석차를 교실 뒤 게시판에 공공연하게 붙이기도 하던 시절이었다. 우리 반에도 등록금을 제때 내지 못하는 학생이 몇 명 있었다. 그중에는 부모님을 모시고 오라 해도 말을 듣지 않는 J라는 아이가 있었다.

　어느 날 어렵게 그의 아버지가 학교에 오셨고 담임선생님과 면담이 이루어졌다. 그날 종례 시간에 선생님은 J에게 운동장을 몇 바퀴 돌고 오라고 시켰다. 그리고 학생들을 상대로 J의 아버지를 비난하기 시작했다. 자식을 그렇게 내팽개쳐 두고도 어쩌면 이렇게 뻔뻔할 수 있느냐는 내용이었던 것 같다. 막무가내 학부형 때문에 어떤 곤란한 일을 겪으셨는지는 모르지만, 나는 그때 교실에서 쫓겨나 온갖 생각으로 머리가 복잡할 J를 생각했다. 자기만 빼고 선생님이 학생들에게 무슨 이야기를 할지 그가 모를 리 없을 텐데 그의 기분이 얼마나 비참할지, 마음이 아팠다. 시간이 많이 지난 것 같은데 그는 교실로 돌아오지 않았다. 사실 언제 돌아왔는지 선생님 말씀이 어떻게 끝났는지는 잘 기억나지 않는다. 선생님의 말씀이 끝날 때쯤 나는 무척 화가 나 있었다. 아니 화 이상의 감정을 갖게 되었다. '표준 수련장' 이야기에 썼듯이 학생 때부터 나는 한 번도 교사가 되고 싶다는 생각을 하지 않았다.

　사실 내게는 다른 학생들이 모르는 사연이 더 있었다. J의 아버지가 학교에 오시기 전날 나는 선생님의 심부름을 수행했다. 교무실로 나를 부르신 선생님은 J에게 아무리 이야기해도 보호자가 학교에 오지 않으니 나보고 직접 그의 집에 찾아가 보라고 지시하셨다. J의 동네는 우리 집에서 그리 멀지 않다고 하셨다. 그날 오후에는 비가 꽤 많이 내렸고, 나는 주소 하나만 들고 J의 집을 찾아갔다. 그때 어른들이 '○○단지'라고 부르는 재래시장 뒤 오래된 동네의 허름한 집이 그의 주소지였다. 모두 외출하고 그의 아버지만 계셨는데 내가 왜 왔는지 학교는 어떤지 꼼꼼히 물으셨다. 특히 아들 J의 학교생활에 대해 여러 가지 물어보신 것 같다. 어린 나이에도 가능한 J 편에 서서 이야기해야 한다고 생각했지만, 어른이 묻는 말에 거짓말은 하지 못했다. J의 아버지는 다음 날 학교에 찾아가겠노라고 하셨다. 방을 나오면서 J가 나 때문에 크게 야단을 맞는 것은 아닌지 걱정이 되었다. 하지만 무엇보다 심부름을 마치고 집에 갈 수 있다는 사실이 좋았다. 다시는 이런 심부름을 안 했으면 좋겠다는 생각도 했다.

생각해 보면 J 관련 사건은 중학교 1학년이 감당하기에는 힘겨운 경험이었다. 막연하지만 나는 어른들의 세계에 대한 환멸 비슷한 것을 느꼈다. 그래도 아이의 마음은 빨리 치유된다. 그해 나는 성공적으로 중학 생활에 적응했다. 친구들과도 잘 지냈고 성적도 나쁘지 않았다. 담임선생님도 적성을 깨달으셨는지 내가 중학교를 졸업하기 전에 학교를 그만두셨다. 남아메리카 어딘가로 이민을 떠나셨다는 이야기를 들었다. 선생님은 키가 작았고 얼굴이 희셨으며 굽 있는 구두에 투피스 정장을 주로 입으셨다. 당시 인기 있던 가수 나미와 비슷한 인상이었다. 건너 들은 이야기이지만, J는 결국 중학교를 졸업하지 못하고 퇴학당했다고 한다. 등록금 때문인지 다른 이유가 있었는지는 정확히 모른다. 지금 그가 어디서 무엇을 하고 사는지 아는 바 없지만, 왠지 행복하지 못할 것 같은 예감이 들어 가끔 마음이 무겁다.

함박눈 내리던 연합고사일

중학교는 무시험 추첨으로 입학했지만, 고등학교 진학을 위해서는 시험을 치러야 했다. 전국 중3 학생이 같은 날 함께 치른 이 시험을 연합고사라 불렀다. 200점 만점 시험이었는데 서울 시내 인문계 고등학교에 진학하기 위해서는 140점 정도는 받아야 했다. 중학교 과정에서 배운 문제들이 출제되어 그리 어려운 시험은 아니었다 해도 100점으로 환산하면 70점을 받아야 하니 그리 만만한 시험도 아니었다. 한 반에서 몇 명은 연합고사를 통과하지 못해 재수를 했다. 그때는 고등학교 교실에 한두 명 나이가 많은 학생이 있어도 전혀 이상하지 않았다. 스스로 재수했다고 밝힌 학생은 없었지만 어찌어찌하여 알게 되는 일은 있었다. 나만 해도 중학교 동창을 한해 낮은 학년에서 본 적이 있었다. 재수가 하기 싫은 학생은 고등학교 졸업 자격을 주는 다른 학교에 입학할 수 있었다. 학생이 모자라 학교가 사라져가는 현재와는 사뭇 다른 시절이었다.

고등학교 입시는 전기와 후기로 나뉘었다. 전기는 일반 인문계를 제외한 학교였는데 대표적으로 상업학교와 공업학교가 전기에 속했다. 전기 고등학교는 대학처럼 학교별로 입시를 진행했다. 연합고사 점수를 받은 후 원서를 넣어 지원하는 방식이었다. 후기는 전기 합격자를 뺀 인원을 대상으로 학군 안에서 추첨 배정을 했다. 지금도 그런지 모르겠지만 강남 지역은 8학군에 해당했다. 강북에 소재하던 소위 명문 고등학교들이 이미 강남 지역에 넓은 터를 잡고 이전한 뒤여서 8학군은 인기가 좋았다. 그 지역 고등학교에 입학하기 위해 친척 집 등으로 주소를 옮기는 학생들도 있었다.

서울에서는 컴퓨터로 학교를 배정하여 그 결과를 학생에게 통보해 주었다. 내 친척들이 많았던 충청북도 청주시 같은 경우 학생이 직접 은행알을 뽑아 학교를 배정받았다. 해당 학생 수만큼 은행알을 통 안에 넣고 회전시키면 한 알이 빠져나오게 되어 있었는데 그 은행알에 배정 학교 번호가 쓰여있었다고 한다. 지금 로또 추첨하는 방식과 비슷했던 것 같다. 잘못해서 학생이 은행알을 바로 줍지 못하면 온 추첨장을 뒤져서라도 은행알을 찾아야 했다는 이야기를 들었다. 서울에서도 중학교 추첨이 처음 시행될 때는 은행알을 사용했다고 한다.

개인적으로 연합고사 시험일의 기억은 잊을 수가 없다. 시험은 학군 내 배정된 학교에서 치르게 되어 있었다. 그런데 그만 그날따라 가족들이 모두 여유를 부렸다. 택시를 타면 될 것이라 생각하고 집을 나왔는데 한참을 기다려도 택시를 잡을 수가 없었다. 공교롭게도 배정받은 학교는 버스를 타면 여러 번 갈아타야 해서 제시간에 닿기 어려운 곳에 있었다. 파출소를 찾아가야 하나 오토바이라도 얻어 타야 하나 생각하며 발을 동동 구르다 다행히 택시를 잡았고 간신히 시험 시간에 턱걸이해서 교실에 들어갔다. 지금 생각하면 아찔한 것이 시험을 못 보면 도리 없이 일 년을 쉬어야 했다. 1980년대 초는 지금처럼 융통성이 있던 시대가 아니었다.

나와 같은 해에 서울에서 시험을 치른 중학생들은 모두 기억하겠지만 그날 오후에는 무척 푸짐한 눈이 내렸다. 전체 4교시 중 3교시가 끝날 때쯤 창밖이 하얗게 변해갔다. 아침의 초조함과 가슴 떨림도 잊은 채 나는 창밖의 눈을 즐겼다. 마지막 교시 시험지를 풀고는 이제 정말 중학교 생활이 끝이구나라는 생각을 했다. 난로가 달구어져 있는 교실은 구석까지 따뜻했다. 마치 따뜻한 안방에 앉아 있는 기분으로 하염없이 창밖을 내다보았다. 아니 정확히 말하면 하염없다는 기분이 들었다고 해야 맞겠다. 시험장에서 오랫동안 창밖을 내다보는 일이 어떻게 가능했겠는가. 여하튼 시험을 마치고 집으로 돌아오는 길은 전혀 쓸쓸하지 않았고, 심지어 푸근하다는 느낌마저 들었다. 무언가를 정리하는데 함박눈만큼 좋은 선물도 없다고 생각했다.

더 가까운 과거인데도 학력고사 고사장의 풍경은 머릿속에 없다.

겨울이니 추웠을 것이고 시험이니 떨렸을 것이 분명하다. 어쩌면 너무 긴장한 나머지 주변에 대해서는 신경을 쓰지 못했는지 모른다. 생각만큼 시험을 잘 치지 못해서 그랬을 수도 있다. 학력고사 때는 우리 집에 승용차가 있어서 비교적 편안하게 고사장까지 이동했다. 오후까지 치는 시험이라 각자 도시락을 가져오게 되어 있었는데 두 가지 기억이 혼재한다. 따뜻한 밥을 먹인다고 어머니께서 점심시간에 맞추어 도시락을 가져오셨고, 교문 틈으로 도시락을 받아서 먹었던 게 하나의 기억이다. 다른 기억은 학생은 건물 밖으로 나갈 수 없었고 옆방에서 시험을 친 같은 반 친구들과 한 교실에 모여 도시락을 먹었다는 것이다. 어머니의 기억도 이 부분은 분명하지 않다.

내가 시험을 친 그 해는 학력고사 시험 과목이 가장 많았던 해이다. 문과는 16과목 이과는 15과목이었는데 나는 문과였다. 과목 이름들은 지금도 기억난다. 국어, 영어, 수학은 기본 과목이었다. 사회 과목으로 국토지리, 인문지리, 사회문화, 정치경제가 있었다. 역사 과목으로 국사와 세계사가 있었고, 필수인 기술과 선택인 공업 과목도 있었다. 국민윤리 과목이 따로 있었던 것 같고, 제2외국어 시험은 분명히 있었다. 나는 독일어를 선택했다. 과학 선택으로 화학과 생물 시험을 치렀다. 이과는 물리와 지구과학까지 네 과목을 필수로 봐야 했다. 나머지 한 과목은 한문이었던 것 같다.

그 해에는 학력고사 말고도 대학 입시 논술 시험이 있었다. 논술은 지원 대학에 가서 치르게 되어 있었는데, 내가 기억하는 논술고사 문제는 '바람직한 한국인이 되는 길'이었다. 수백 명이 들어가는 강당에 같은 학과를 지원한 학생들이 줄 맞춰 앉아 시험을 치렀다. 그때는 지금처럼 가군이니 나군이니 하는 구분이 없었다. 전기와 후기 그리고 전문대학 셋으로 구분하여 전기에 한 곳, 후기에 한 곳, 전문대학 한 곳에 원서를 넣을 수 있었다. 전기 대학 합격자 발표가 나면 후기 대학 원서 접수가 시작되었고 후기 대학 합격자 발표가 나면 전문대학 원서 접수가 시작되었다. 수험생 입장에서는 한 대학만 지원할 수 있다고 느낄만한 제도였다.

    학력고사와 별도로 학교별로 실시하는 체력장 시험이 있었다. 단거리 달리기, 오래달리기, 제자리멀리뛰기, 윗몸 일으키기, 턱걸이, 멀리 던지기 등의 기록을 측정하여 점수를 매겼는데 20점 만점이었던 것으로 기억한다. 학력고사 만점이 360점 정도였으니 결코 적은 배점은 아니었다. 여학생은 턱걸이 대신 오래 매달리기를 했었다. 고등학교 성적 즉 내신도 30% 반영했다. 지금처럼 등급을 나누어 학력고사 점수에 추가하였다. 언제부턴가 체력장 과목은 입시에서 사라졌다고 들었다. 잘된 일이다. 그때는 몸이 불편한 학생들도 체력장 시험을 치러야 한다는 생각을 하지 못했다. 체력장에는 기본 점수가 있었는데 아마 그들은 기본 점수를 받았을 것이다. 부당한 일을 보고도 그 시절 나는 부당함을 발견하지 못했다. 부당함이나 불평등에 대해 생각하는 데도 훈련이 필요하다는 사실은 나중에 알았다.

학력고사 과목이 많았던 만큼 고등학교 교과 과정도 복잡했다. 16개 과목을 정규 수업 시간에 모두 배웠다. 가히 백과사전식으로 지식을 머리에 채워 넣었다 할 수 있다. 7교시를 하는 날이면 교과서도 그만큼 필요했다. 가방이 무거워지지 않을 수가 없었다. 과목이 많기는 했지만 그래도 지금에 비하면 시험 보기가 어렵지는 않았던 것 같다. 학력고사 시험에는 깊은 사고를 요구하는 문제가 많지 않았다. 외우기만 하면 바로 답을 고를 수 있는 문제가 많았다. 그리고 한 문항당 선택 답지가 지금보다 하나 적은 네 개였다. 학교 시험 역시 학력고사 문제 스타일을 따랐다. 교과서도 지금처럼 다양하지 않아서 공부의 범위도 상대적으로 좁았다. 국정교과서를 쓰는 과목은 전국 고등학생이 똑같은 한 권의 책으로 공부했다.

개인 의견이지만 지금의 대학수학능력시험 문제보다 더 좋은 선택형 문제는 만들기 어렵다. 일각에서는 대학 입시 방법을 예전 학력고사식으로 돌리자고 주장하는 사람이 있는 모양이다. 복잡한 제도를 단순화해서 전국 학생들을 한 줄로 세우자는 주장일 터이다. 지금 그때처럼 암기식 시험을 시행한다면 한 반에서 몇 명씩 만점이 나올 수도 있다. (물론 이건 관점에 따라 전혀 나쁜 결과가 아닐 수도 있다.) 학원이나 족집게 과외는 더 성업하게 될 것이다. 학교 수업도 소통이나 활동 중심이 아니라 암기 중심으로 돌아갈 가능성이 크다. 그때

고등학교 교실에서는 질문이 허용되지 않았고 선생님들은 학생 개인에게 일일이 관심을 기울이기 어려웠다. 지금 학생부에 있는 종합의견은 당시에는 상상할 수 없었다. 과목별로 세부능력 및 특이 사항을 기록하는 일도 없었다. 인문계 학교에서 동아리 활동이나 진로탐색은 쓸데없는 짓으로 여겨졌다. 진도, 암기, 성적 그리고 진학이 모든 것이었다.

아무리 암기 교육이라도 배워두면 좋다는 생각을 한 적이 있었다. 내가 처음으로 구입한 차는 대우 자동차에서 나온 르망 중고였는데, 어느 날 엔진 룸을 열어보고 잠시 묘한 기분에 잠겼다. 엔진 룸의 부품들 명칭이 기억나고 그것들이 어떤 기능을 하는지 짐작이 되었기 때문이다. 엔진과 밸브는 어떤 것인지, 팬벨트와 타이밍 벨트가 어디 있는지, 엔진오일과 워셔액은 어디에 부어야 하는지 바로 알 수 있었다. 밑줄 그어가며 열심히 외웠던 공업 교과서의 자동차 편에 다 있는 내용이었다. 수리나 점검은 할 수 없었지만 스스로 감탄하여 한참 엔진 룸을 바라보았다. 매우 특별한 경험이었다. 물론 지금 내가 입시를 위해 많은 과목을 배울수록 좋다고 말하는 것은 절대 아니다.

연습장, 여배우 그리고 오드리 햅번

중고등학생에게 연습장은 하루라도 빠뜨려서는 안 되는 생활필수품이었다. 깜박 잊고 가방에 넣어오지 않은 날은 등교하면서라도 새로운 연습장을 챙겨야 했다. 학교 앞 문방구점 한쪽에는 일반 노트보다 더 많은 양의 연습장이 수십 권씩 쌓여 있곤 했다. 연습장이 가장 필요할 때는 수학 공부 시간이었다. 학생들은 페이지를 반으로 접어 샤프펜슬로 끝없이 문제를 풀어나갔다. 영어 단어를 암기하는 데도 연습장이 필요했다. 나 역시 눈으로 보고 입으로 외는 것보다는 손으로 쓰면 더 잘 외워진다고 생각했다. 얼마나 많은 연습장을 소비했느냐가 그 학생의 학습량을 말해주던 시절이다.

노트 검사 하듯 연습장을 검사하는 선생님도 계셨다. 수업 내용을 연습장에 적었다가 집에서 노트에 깨끗하게 정서하는 친구도 본 적 있다. 정서 과정에서 복습이 저절로 될 터이니 좋은 공부 방법이라 생각했다. 하지만 따라 할 엄두를 내지는 못했다. 반대로 과목별로 노트를 마련하지 않고 연습장에 두서없이 수업 내용을 적는 친구도 있었다. 공부에 관심 없는 아이들이 보여주는 일반적인 행태 중 하나였다. 여하튼 연습장 없이 지내는 날은 하루도 없었던 것 같다.

연습장을 고르는 데도 학생마다 나름의 기준이 있었다. 물론 가장 중요한 기준은 두께나 종이 질이었다. 두꺼운 연습장을 좋아하거나 흰색 종이만 고집하는 친구들이 있었다. 하지만 내 경우 그보다 더 중요한 것은 연습장 표지였다. 연습장 뒷면은 보통 무늬 없는 두꺼운 종이였고 앞면에는 다양한 사진과 그림이 인쇄되어 있었다. 남자 중고교 문방구점에는 서양 여자 배우 사진을 표지로 한 연습장이 많았다. 브룩 실즈(Brooke Shields), 피비 케이츠(Phoebe Cates), 올리비아 뉴턴 존(Olivia Newton-John) 사진이 인쇄된 연습장이 가장 흔했던 것 같다. 시대에 어울리지 않게 마릴린 먼로(Marilyn Monroe) 사진도 볼 수 있었다.

나는 영화 <로미오와 줄리엣>에서 캡처한 올리비아 핫세 사진을 가장 좋아했다. 당시 인기 있던 서양 여배우들과 달리 핫세는 검은 머리카락에 검은 눈을 가지고 있었다. 영화 속 로미오를 만나는 댄스파티 장면에서 그녀는 긴 머리를 묶고 작은 모자를 썼다. 가운데 가르마를 타 머리카락을 곱게 뒤로 넘겼는데 숱이 얼마나 많던지 양쪽 귀가 다 가려졌다. 유명한 베란다 장면에서 그녀는 허리까지 늘어뜨린 긴 머리카락에 예쁜 머리띠만 했다. 어느 장면의 그녀가 더 예뻤는지 지금도 말하기 어렵다. 어떻게 해도 완벽한 균형을 갖춘 그녀의 이목구비는 어느 장면에서든 보석처럼 빛났다. 여러 편의 <로미오와 줄리엣> 영화가 만들어졌지만 개인적으로 올리비아 핫세가 출연한 작품이 최고라고 생각한다. 특히 둘이 처음 만나는 장면에서 울리는 노래 'What is a youth'는 정말로 감미롭다. 그리고 조금 슬프다.

비슷한 느낌을 준 영화는 <초원의 빛>이었다. 주연 여자 배우는 나탈리 우드(Natalie Wood)였다. 그녀 역시 검은 머리카락에 검은 눈이었다. 매우 청순한 주인공의 역할을 연기했는데 그녀가 출연한 다른 영화를 본 적이 없다. 연습장 배우로도 본 적이 없다. 'What is a youth'가 그랬던 것처럼 영화에 등장한 워즈워드(William Wordsworth)의 'Splendor in the grass'가 영화보다 더 오래 기억에 남았다.

What though the radiance which was once so bright

Be now for ever taken from my sight

Though nothing can bring back the hour

Of splendor in the grass, of glory in the flower

We will grieve not, rather find

Strength in what remains behind

In the primal sympathy

Which having been must ever be

In the soothing thoughts that spring

Out of human suffering

In the faith that looks through death

In years that bring the philosophic mind

  자신만만한 부잣집 청년이 가난한 집의 청순한 여인을 사랑하지만 둘의 사랑은 이루어지지 않는다. 실패를 경험한 남자는 예전과 다른 사람이 되어 돌아왔으나 둘이 사랑할 수 있는 시간 역시 이미 지나가고 난 후였다. 조금은 더 성숙해진 상태로 둘이 다시 만났을 때 여주인공이 위의 시를 읊는다. "초원의 빛이여 꽃의 영광이여 / 우리는 이제 슬퍼하지 않으리"라는 행이 어린 마음에 깊이 꽂혔다. 시에서는 슬퍼하지 않는다고 했지만 지나간 '초원의 빛', '꽃의 영광'이 강조되어서인지 좋은 시절이 모두 한때임을 안타까워하는 가슴 아픈 내용으로 느껴졌다.

  올리비아 핫세와 함께 좋아했던 배우가 오드리 햅번이다. KBS 일요일 프로그램 명화극장에서 영화 <로마의 휴일>을 보고 그녀에게 반해버렸다. 흑백 영화였는데 로마를 방문한 어느 작은 왕국의 공주가 미국 신문 기자와 하루를 보내는 이야기였다. 로마 유적을 보는 재미까지 더해진 로맨틱하고 유쾌한 영화였다. 이 영화에서 오드리 햅번은 귀여운 정도를 넘어 그냥 살아 있는 인형 같았다. 영화에는 그녀가 긴 머리카락을 짧게 자르는 장면이 있는데 예쁜 머리카락이 잘려나가는 게 그렇게 아까울 수가 없었다. <티파니에서 아침을>의 오드리 햅번 역시 인상적이었다. 그 영화에서 햅번은 창가에 걸터앉아 기타를 치면서 'Moon river'를 부른다. 기타도 대충 치는 것 같고 노래도 대단히 잘 부르지는 않았지만, 영상은 매우 아름다웠다.

오드리 햅번 이후에 매력적이라고 느낀 배우는 소피 마르소였다. <라 붐La Boum> 이라는 영화로 우리나라에 처음 소개되었는데, 아마 십 대 때 찍은 영화일 것이다. 이후에도 <브레이브 하트>, <안나 까레리나> 등 그녀가 출연한 영화를 스치며 볼 기회가 있었는데 여전히 아름답다는 생각을 했다. 오드리 햅번이 예쁜 배우였다면 소피 마르소는 아름다운 배우였다. 귀엽다는 말보다 우아하다는 표현이 그녀에게는 어울렸다. 영어권 배우가 아닌 프랑스 배우라는 점도 그때 내게는 매력으로 느껴졌다.

요즘 배우들이 예전 배우보다 아름답지 않거나 연기를 못하거나 할 리는 없다. 그런데도 요즘 배우 중에는 특별히 인상적인 인물이 떠오르지 않는다. 대상의 문제가 아니라 대상을 보는 주체의 문제이리라. 무엇이든 가슴 떨리는 경험을 갖는다는 것은 참 좋은 일이다.

---

* 인터넷 세상이 되면서 다양한 아이디와 닉네임을 보게 되는데 '오드리 될번'이라는 닉네임의 메일을 받은 적이 있다. 재치 있다고 생각했고 잠시 유쾌했다.

뭐라고 먼 나라의 잘난 여배우를 동경했는지 우스운 일이지만, 철없이 무언가에 설레본 경험만은 그대로 간직하고 싶다.*

---

* 얼마 전 미국에서 1960년대 제작된 영화 <전쟁과 평화>를 보았다. 오드리 햅번이 나타샤를 연기했다. 소설만 읽고 영화는 보지 말았어야 했다. 내 눈이 변한 것인지 배역이 맞지 않았던 것인지 햅번에 대한 예전의 이미지가 깨지는 기분이었다.

전파사, 레코드 가게 그리고 카세트테이프

　70년대 후반~80년대 초반 서울 변두리의 주거환경과 도로 환경은 지금과 여러모로 달랐다. 아파트에 사는 인구는 매우 적었고 주요 교통수단은 버스였다. 내가 초등학교를 졸업할 때까지는 버스에 여자 안내원이 있었다. 안내양은 공장 작업복 비슷한 주머니가 여러 개 달린 상의를 입고 찐빵 모양의 모자를 썼다. 주머니에는 거스름돈을 빠르게 내어줄 수 있도록 각기 다른 동전이 들어 있었다. 그때 버스는 앞문이 없어 뒷문 하나로 출입했고 안내양은 문 바로 뒷자리에 앉거나 서 있었다. 출퇴근길에 승객이 많으면 버스는 열린 문에 안내양을 매단 채 출발하기도 했다.

　안내양이 사라진 이후에는 토큰이나 회수권이 사용되었다. 현금을 거슬러줄 사람이 사라지고 미리 버스표를 사서 승차해야 하는 시스템이 등장한 것이다. 회수권은 대학 때까지 사용했는데 세로가 긴 종이에 '회수권-중고생용', '회수권-대학생용'이라고 인쇄되어 있었다. 열 장이 한 묶음이었다. 어떤 아이들은 열 장 인쇄된 회수권을 열한 장으로 잘라 사용하기도 했다. 돈을 아끼려는 의도도 있었겠지만, 일부 아이들은 규정을 어긴다는 데서 희열을 느끼는 것 같았다. 나중에 알게 된 사실이지만, 회수권에도 일종의 특혜와 불평등이 담겨 있었다. 중고생 할인과 청소년 할인은 다른 것이었다. 대학생이야 더 말할 것도 없었다. 토큰은 가운데 구멍이 뚫린 작은 동전 모양이었다. 회수권이 사라지고 성인용과 청소년용 토큰이 등장했는데 색이 달랐던 것 같다.

동네에는 작은 가게들이 많았다. 골목이 교차하는 사거리에는 슈퍼마켓이 있었다. 학교 정문과 후문 부근에는 몇 개의 문방구점이 나란히 자리했다. 거기서는 학용품은 물론 간단한 군것질거리도 팔았다. 쫀드기나 아폴로 같은 옛날 과자들이 기억난다. 지금도 나는 길거리 음식을 즐기지 않는 편인데, 그때도 문방구점에서 떡볶이나 국화빵을 사 먹지는 않았다. 그리고 흔했던 가게가 전파사이다. 아파트에 살면 관리사무소에서 많은 걸 해결해주지만 단독 주택이 대부분이었던 당시에는 전파사나 철물점에 갈 일이 많았다. 전선 정도는 아이들도 쉽게 연결해서 사용하곤 했다. 펜치나 칼 등으로 전선 피복을 벗기고 구리선을 연결한 후 검은 전기 테이프로 둘둘 감아 그대로 사용했다. 신혼이던 둘째 이모와 이모부는 내가 다니던 초등학교 근처에서 문방구점과 전파사를 하셨다. 전기 기술자셨던 이모부는 건설 경기 호황을 타고 돈을 잘 버셨다.

육교 근처에는 서점과 레코드 가게 그리고 빵집들이 있었다. 내가 좋아하던 동네 레코드 가게는 초등학교 정문에서 멀지 않은 큰 길가에 있었다. 가게 밖으로 스피커를 내놓고 음악을 틀었기에 지나던 걸음을 멈춘 적이 많았다. 거기서 내가 처음 산 카세트테이프는 비지스(BeeGees)의 "Staying alive"였다. 비지스의 디스코 음악을 모은 컴필레이션 음반이었다. 집에 오디오 시스템(당시는 전축이라 불렀다.)을 갖춘 집이 많지 않았기에 당시 학생들에게는 카세트테이프가 인기였다. 무엇보다 카세트테이프는 가격이 쌌다. 다만 카세트테이프는 오래 들으면 소리가 늘어졌다. 완전히 아날로그여서 반복 듣기가 쉽지 않다는 것도 단점이었다. 특정한 노래를 듣기 위해서는 다른 노래를 다 듣거나 빨리 감기나 되감기를 해야 했다.

동네 레코드 가게에서는 원하는 노래를 공테이프에 녹음해주는 일도 했다. 손님들이 원하는 편집 앨범을 만들어주었다는 말이다. 길이에 맞추어 녹음하고 싶은 음악 리스트를 적어가면 며칠 후 그 노래들이 담긴 카세트테이프를 받을 수 있었다. 녹음하기 어려운 곡도 있었겠지만, 동네 레코드 가게에서도 내가 요구하는 정도의 음악은 언제나 구해주었다. 지금 생각하면 불법 복제였는데, 원하는 노래가 담긴 카세트테이프를 다 살 수 없었던 가난한 학생들에게는 고마운

서비스였다. 카세트테이프의 또 다른 장점은 덧씌우기가 가능했다는 점이다. 카세트테이프 아래 두 개의 플라스틱 구멍을 막으면 새로운 노래를 녹음할 수 있었다. 공테이프는 이 구멍이 막혀 있었는데 녹음이 끝나면 플라스틱 조각을 펜으로 부수어 재녹음을 방지하기도 했다.

카세트테이프에 음악을 녹음하는 작업은 집에서도 가능했다. 중학교 때 나는 Sanyo 카세트라디오를 가지고 있었다. Sony만큼 인기 있지는 않았어도 나름 유명한 일본 제품이었다. 당시 카세트라디오 모양은 제작사와 상관없이 비슷했다. 전면은 지금의 테블릿 PC 크기와 비슷했고 두께는 반 뼘보다 얇았다. 전체 기기는 T자로 구분되었는데 상단에는 여러 버튼과 다이얼이 표시되는 긴 창이 있었다. 아날로그였기 때문에 FM 방송을 들으려면 안테나를 세우고 다이얼을 돌려 주파수를 맞추어야 했다. 몸체는 왼쪽이 스피커 오른쪽이 카세트 데크였다. 그리고 접을 수 있는 커다란 손잡이가 옆면에 달려 있었다. 라디오를 틀어놓고 오른쪽 상단의 플레이 버튼과 레코드 버튼을 함께 누르면 라디오 소리가 그대로 공테이프에 담겼다. 그렇게 하나의 카세트테이프를 채우기 위해서는 여러 날의 노력이 필요했다. 녹음 중인 노래 중간에 DJ 목소리가 들어가거나 노래가 끝나기 전에 광고가 나오면 난감했다. 다시 처음으로 돌려 새로운 녹음을 준비해야 했다. 나는 가져보지 못했지만 더블데크 카세트라디오에는 두 개의 카세트테이프를 함께 넣을 수 있었다. 카세트테이프끼리 복사가 가능했으리라 짐작한다.

휴대가 간편하다는 점 역시 카세트테이프의 장점이었다. 고등학교 때 우리 반에는 '워크맨'을 가진 아이가 있었다. 국산 '마이마이'를 가진 아이도 있었다. 휴대가 간편한 워크맨이나 마이마이는 어디서나 음악을 들을 수 있는 획기적인 상품이었다. 워크맨을 가진 아이는 지금 최신형 휴대 전화를 가진 것과는 비교할 수 없을 만큼 학생들의 큰 부러움을 샀다. 빨리 감기와 되감기에 건전지 소모가 많다는 말이 있어서 손으로 카세트테이프를 돌려 감는 일도 있었다. 그때부터 주변에서 헤드폰이나 이어폰 사용이 일상화되었다. 이후에 휴대용 CD 플레이어도 잠깐 유행했었다. 나는 한 번도 이것들을 가져보지 못했다. 비록 중고였지만 아이팟을 산 게 처음이었으니, 고등학교 졸업 후 20년이 지난 후였나 보다.

중학교 2학년 때로 기억한다. 친구에게 카세트테이프를 선물한 적이 있었다. 라디오를 들으면서 내가 좋아하는 노래를 녹음하고 곡명을 곱게(?) 적어 앨범을 만들었다. 그리고 그 친구 집에 놀러 가던 날 선물이라고 건네주었다. 그 친구는 기억할지 모르지만 남자 중학생이 쑥스럽게 그런 선물을 주고 싶었던 사건이 있었다. 지금 선곡 목록이 모두 기억나지는 않는다. <King Crimson>의 'Epitaph'와 <Rollingstones>의 'Angie'가 있었던 건 확실하다. 몇 년 전 대학 졸업

후 그 친구를 처음 만났다. 여전히 음악을 좋아하고 젊은 한때 DJ 일도 했었다고 한다. 내 선물에 대해서는 전혀 기억을 못 했다. 섭섭함은 전혀 없었다. 어쩌면 내가 이런 시답잖은 기억을 정리해보자고 결심한 이유가 그 친구에게 있었는지도 모른다. 오랜만에 만난 그는 내가 너무 많은 것을 잊고 살았다는 사실을 새삼 일깨워주었다.

롤러장과 디스코 플레이 리스트

지금 음악의 템포와 비교하면 그리 빠르다고 할 수 없지만, 당시에 가장 신나는 음악은 디스코였다. 라디오에서는 종일 디스코를 틀었다. 불법 녹음테이프를 늘어놓고 팔던 리어커에서 들리던 음악도 디스코가 대부분이었다. 평소에 어떤 음악을 듣는지와 무관하게 분위기를 띄우는 데는 빠른 음악이 좋기는 했다. 지금은 젊은이들이 모여 춤추는 공간을 클럽이라고 부르는 모양인데 그때는 디스코텍 혹은 디스코장(속어로는 닭장)이라고 불렀다. 고고장이라는 단어도 사용되었는데 기능과 모양에서 큰 차이는 없었다. 70년대 용어가 80년대까지 남아 있었던 것이 아닌가 짐작한다. 무엇이라 불렸든 당연히 미성년자는 출입할 수 없는 곳이었다.

줄여서 롤러장이라 불렸던 롤러스케이트장은 당시 청소년들이 신나는 음악에 맞춰 놀 수 있는 흔치 않은 공간이었다. 서울의 경우 웬만한 동네에는 롤러장이 한두개쯤 있었던 것 같다. 내가 가본 롤러장은 블록으로 쌓은 창고 같은 건물이었다. 실내 모양은 빙상장 비슷했는데, 콘크리트에 두꺼운 페인트를 칠한 바닥은 꽤 미끄러웠다. 입장권을 내고 들어서면 롤러스케이트를 대여해주는 곳이 있었고 어묵이나 떡볶이 등 간식을 파는 공간도 있었다. 롤러스케이트는 지금 볼 수 있는 일자형이 아니라 신발 앞쪽에 두 개, 뒤쪽에 두 개의 바퀴가 달린 자동차 모양이었다. 신발 앞부분에는 정지나 도보를 돕기 위한 작은 다리가 달려 있었다.

스피드를 즐기는 이들은 바깥쪽에서 빠르게 돌았고 초보들은 안쪽에서 엉금엉금 걸었다. 피겨 스케이트를 탈 때처럼 한 다리를 들거나 뒤로 움직이는 고수들도 있었다. 몇 명이 손을 잡거나 꼬리를 잡고 타는 그룹도 있었는데, 넓은 자리를 차지해서 주변에 폐를 끼치기도 했다. 가끔 충돌 사고가 일어나기도 했는데 넘어지면 그냥 길에서 넘어지는 것과는 비교할 수 없을 만큼 아팠다. 친구 따라 한두 번 가본 내가 롤러스케이트를 잘 탈 리 없었다. 처음에 몇 번 넘어지고 나중에는 넘어지지 않기 위해 얼음판 걷듯 뒤뚱거리다 말았을 것이다.

롤러장이 학생들에게 인기 있었던 이유는 그곳에서는 다른 학교 학생, 곧 같은 또래의 이성을 만날 수 있었기 때문이다. 당시에는 남녀 공학 중고등학교가 거의 없었다. 추첨으로 내가 갈 가능성이 있었던 중고등학교는 100% 남자 학교였다. 여학생들 역시 마찬가지였다. 그렇게 평소에 이성과 담을 쌓고 지내던 학생들이 롤러장에 오면 눈에 가득 또래의 이성을 볼 수 있었다. 그리고 목적이야 어떻든 롤러스케이트 타기도 일종의 운동이라 그곳에 오면 괜히 기분이 상승하곤 했다. 굳이 특별한 사건이 없더라도 익명의 친구들과 넓은 공간에서 함께 뛰노는 것만으로도 일상의 스트레스를 해소하기에 충분하였다.

그리고 그런 기분을 더해주는 것이 음악이었다. 롤러장의 커다란 스피커에서는 쉼 없이 시끄러운 노래가 흘러나왔다. 웬만한 소리는 디스코 음악에 묻혔으므로 대화를 위해 아이들은 저절로 목소리를 높이곤 했다. The Nolans의 'Sexy Music', Cyndi Laupe의 'She Bop', The Dooleys의 'Wanted', Arabesque의 'Hello, Mr. Monkey', Goombay dance band의 'Sun Of Jamaica', Boney M의 'Sunny'와 'Rivers of Babylon'이 지금 기억나는 플레이 리스트이다. 최신 히트곡도 아니었는데 이 노래들이 왜 그렇게 애창되었는지 이유는 잘 모르겠다. 얼마나 많이 들었는지 지금도 멜로디가 생생하게 떠오른다.

위 가수들의 음악과 조금 다르지만 학생들에게 광범위한 인기를 얻었던 디스코 뮤지션은 Olivia Newton-John과 ABBA였다. 올리비아 뉴튼 존은 예쁜 백인 여성이라는 이미지 때문에 많은 인기를 얻었다. 중학교 땐가 나온 'Physical'이라는 노래의 뮤직비디오는 지금도 기억난다. 그녀와 함께 Sheena Easton과 Juice Newton이라는 가수도 인기가 있었다. 시나 이스턴의 노래로는 'For your eyes only'가 유명했는데 동명의 007 영화 주제가였다. 이 노래가 나오는 첫 장면이 꽤 야했던 것으로 기억한다. 이 영화는 개봉관인 피카디리 극장에 가서 보았는데 누구와 함께 갔는지는 기억나지 않는다. 쥬스 뉴턴의 노래로는 'Angel of the Morning'이 유명했다. 그녀는 약간 컨트리 스타일이었던 것 같다. 내가 이 셋을 함께 기억하는 이유는 <2시의 데이트> DJ 김기덕 아저씨가 이들을 무슨 삼총사처럼 묶어 소개해서이다. 가끔 보면 우리는 사소한 것까지 참 잘 기억한다.

아바는 많은 노래로 오랫동안 인기를 끌었다. 몇 년 전 뮤지컬 영화로 <맘마미아(Mamma mia)>가 상영되었는데 거기에 실린 노래 중 낯선 곡은 한두 개 정도였다. 여자 보컬 중 Agnetha는 금발이었고 Frida는 붉은 머리였다. 지금 보면 참 촌스러운데 그때는 그녀들이 꽤 세련되어 보였다. 무엇보다 아바의 노래는 가사가 쉬웠다. 스웨덴 사람들이라 쉬운 영어로 가사를 써서 그런가 하고 혼자 생각해 본 적도 있었다. 이들 노래 중 몇 곡은 롤러장에서도 들었던 것 같다.

대학에 입학하니 유로 댄스라는 게 유행하기 시작했다. 넓게 보면 디스코일 텐데 그때는 다른 장르인 것처럼 불렀다. Modern Talking, London Boys, The Joy 같은 팀들이 댄스 음악을 주도했다. 지금도 내게 가장 신나는 음악은 디스코이다. 영화 <가디언스 오브 갤럭시(Guardians of Galaxy)>의 피터 퀼이나 <마션(The Martian)>의 루이스 대장처럼 말이다.

(첨언)

　겨울이 되면 동네 외곽에서 스케이트장을 볼 수 있었다. 공터에 물을 채우고 붉은 띠로 울타리를 친 후 입장료를 받았다. 입구에 설치된 비닐하우스가 클럽하우스 기능을 했다. 손님들은 거기서 신발을 갈아신고 어묵과 떡볶이로 추위를 녹였다. 스케이트를 가져 본 적이 없기에 나는 스케이트장에 갈 생각 같은 건 해보지 못했다. 큰집에 놀러 갔을 때 친척 형들이 만든 썰매를 빈 논에서 몇 번 타본 게 얼음 놀이의 전부였다. 그래도 딱 한 번 스케이트장에 가본 적이 있었다. 겨울 방학의 어느 날 친구 집에 놀러 갔을 때이다. 어머니께서 친구가 스케이트를 타러 갔다고 말씀하시고는 남는 스케이트 한 벌을 건네주시었다. 스케이트장 위치까지 알려주시며 찾아가서 같이 놀라고 하셨다. 무슨 생각이었는지 나는 그 스케이트를 들고 몇 정거장 거리의 스케이트장을 찾아갔다. 친구는 그 스케이트장에 없었던 것 같다. 나는 한 번도 타보지 않았던 스케이트를 신고 엉금엉금 얼음판을 기어 다녔다. 얼음판에 넘어지는 것이 얼마나 아픈지 그때 처음으로 알게 되었다. 지금 돌아보면 그때의 내 모습이 가엽게 느껴진다. 탈 줄도 모르는 스케이트를 들고 친구를 만나겠다고 스케이트장까지 간 것, 친구가 없음에도 고집스럽게 스케이트를 타려고 한 것이 모두 그렇다. 내가 평소에 스케이트를 타고 싶어 했던 것일까? 스케이트장 말고는 아무 데도 갈 곳이 없었던 것일까? 혼자서 엉금엉금 스케이트를 타면서 나는 즐거웠을까? 출발지로 돌아가고 싶어도 남의 눈을 의식해서 끝내 넓은 스케이트장을 한 바퀴 돌았던 것일까? 알 수 없는 일이다.

동시 상영관과 배우 정윤희

　지금도 그렇지만 1980년대에도 영화는 싼값에 즐길 수 있는 대표적인 대중문화였다. 특별히 친구들보다 영화를 좋아했던 것 같지는 않은데도 기억에 남는 영화 그리고 그와 관련하여 떠오르는 장면들이 있다. 그리고 영화배우도 있다.

　당시는 지금처럼 복합상영관에서 다양한 영화를 선택해 볼 수 있는 그런 환경은 아니었다. 표를 구하는 방법도 현장 구매와 현장 예매밖에는 없었다. 주말이나 명절처럼 사람이 몰리는 날 영화를 보기 위해서는 며칠 혹은 몇 주 전에 미리 표를 사두어야 했다. 매표소에서 시작된 예매 줄이 극장 입구를 지나 큰길까지 이어지는 일이 흔히 있었다. 퇴근 후 저녁 영화를 보기 위해서도 예매는 필수였다. 보고 싶은 영화의 표가 매진되어 근처 다른 극장으로 가서 원치 않던 영화를 보기도 했다. 물론 사람들이 몰리지 않는 시간에 극장을 이용하면 문제가 없었다. 그때나 지금이나 사람들의 생활 패턴이 다들 비슷해서 백수나 대학생이 아니면 한가한 시간에 영화를 보는 일이 쉽지는 않았다.

그때는 영화관 간에 위계가 있었다. 등급에 따라 개봉관, 재개봉관, 동시 상영관 등으로 영화관이 구분되었다. 그리고 모든 영화관에 스크린은 하나였다. 개봉관은 주로 시내(종로구나 중구)에 몰려 있었고 외곽으로 나오면 재개봉관(신촌, 서대문, 영등포, 미아리 등)이 있었다. 새롭게 선보이는 영화는 개봉관에서 일정 기간 상영했고, 그 기간이 끝나고 개봉관에서 다른 영화를 시작하면 이전 영화는 재개봉관에서 상영했다. 재개봉관 상영도 마무리되면 그 영화는 동시 상영관으로 내려왔다. 극장마다 스크린 크기가 달라 규모가 큰 영화는 개봉관에서 보는 것이 좋았다. 개봉관의 새 영화 개봉은 명절 등 관객이 많이 몰리는 시기에 맞추어졌다. 연말연시가 되면 젊은이들이 시내에 몰리곤 했는데 그 중심에 영화관이 있었다. 현재의 멀티플렉스 환경에 익숙한 사람들은 스크린 하나짜리 극장에서 몇 주 혹은 몇 달 동안 한 편의 영화만 상영했다는 사실이 기이하게 느껴질 것이다.

당시 감동적으로 본 영화를 꼽자면 개봉관에서 여러 번 재상영했던 <벤허>를 빼놓을 수 없다. 중학교 때 대한극장에서 본 이 영화는 무척 길었다. 영화 중간에 쉬는 시간이 있을 정도였다. 영화 내용만큼 인상적이었던 것은 내 뒷줄 어딘가에 앉아 있었던 수녀님들과 스님들이었다. 불교 승려들이 기독교 영화를 본다는 것은 그때 내 기준으로 아주 이상한 일이었다. 찰턴 헤스턴이 연기했던 벤허가 '악당' 멧살라와 마차 경주를 하는 장면이 가장 인상적이었다. 골고다 언덕을 오르는 예수에게 벤허가 물을 건네는 장면도 기억에 남는다. 하지만 그때 생각으로도 이 영화는 클라이맥스 이후가 너무 길었다. 한센병으로 동굴에 숨어 살던 벤허의 어머니와 누이가 은혜로운 비로 치료되는 장면은 영화의 감동을 반감시켰다. 그들이 한센병에 걸려 동굴에 있다고 알려준 이는 아마 전차 경기에 져서 죽어가던 멧살라였을 것이다.

영화에 대한 기억이 늘 즐거웠던 것은 아니다. 고등학교 1학년 때 <사관과 신사>를 보았다. 사실 여부는 확인할 수 없지만 누군가 영화 제목을 '토관과 신토'로 읽었다고 해서 더 유명해진 영화였다. 지금은 원로 배우가 되어버린 리처드 기어가 주연이었는데, 하층민의 성공담과 젊은 남녀의 사랑 이야기가 적절히 섞인 서사였던 것 같다. Y라는 같은 반 친구와 둘이 관람했는데 그 영화를 본 후 그 친구와는 서먹서먹해졌다. 영화를 보고 나와서 친구가 한 말에 큰 상처를 받기 때문이다. 그 친구는 이렇게 재미있는 영화를 너와 보다니~ 비슷한 말을 했다. 농담이었을지 모르지만, 그때는 농담으로 들리지 않았다. 다른 친구들이 시간이 안 되어 둘만 가게 된 건 사실이었다.

내가 살던 곳에서 가장 가까운 부심지였던 영등포에는 개봉관이 없었다. 시장 근처에 경원 극장과 연흥 극장이 마주 보고 있었는데 모두 재개봉관이었다. 극장 규모는 시내의 단성사나 피카디리, 명보, 국제 극장의 절반 정도 되었던 것 같다. 광화문이나 종로까지 나가는 일이 큰 행사였기 때문에 영화를 보고 싶은 친구들은 영등포에 자주 나갔다. 연흥 극장에서는 유난히 성룡이 출연한 영화를 자주 상영했다. 소풍을 마치고 오면서 <폴리스 스토리>라는 영화를 봤던 게 기억난다. 최근에 가보니 두 극장 모두 사라지고 다른 매장이 들어서 있었다.

동시 상영관은 동네에 자리 잡은 작은 영화관으로 보통 두 편의 영화를 함께 상영하는 곳이었다. 재개봉관에서 상영을 마친 영화는 물론 시간이 좀 지난 영화도 틀어주었다. 좌석번호가 있고 영화의 시작과 끝 시간이 정해져 있던 개봉관과 달리 동시 상영관에는 좌석번호도 없었고 입장 시간도 따로 없었다. 영화 중간에 들어와 아무 자리에 앉아서 시간제한 없이 머물 수 있었다. 가격도 개봉관보다 아주 싼 편이었다. 간혹 술 먹고 잠을 자기 위해 극장을 찾는 사람이 있을 정도였다. 동시 상영관은 개봉관에서 보지 못한 영화를 볼 수 있는 최후의 기회를 제공해 주었다. 당시는 비디오 대여점조차 없던 (혹은 흔치 않던) 시절이었다.

학생들이 극장 특히 동시 상영관에 가는 것은 금지되어 있었다. 많은 동시 상영관이 청소년 관람 불가 영화를 상영했기 때문인 것 같다. 중학교 고학년이나 고등학교 저학년 때쯤 동네 극장에 몇 번 간 적 있는데 한 여배우를 보기 위해서였다. 당시 나는 배우 정윤희의 팬이었다. 장미희, 유지인과 함께 80년대 트로이카 여배우로 불렸지만, 미모 면에서 셋은 같은 층위에서 비교할 수 없다고, 나는 생각했었다. 그런데 불행하게도 당시 그녀가 출연한 영화는 학생들이 보기에 적절하지 않은 게 많았다. 제목조차 <뻐꾸기도 밤에 우는가>, <앵무새 몸으로 울었다>, <벌레 먹은 장미> 등 묘한 분위기를 풍겼다. 사실 제목이 주는 인상과 달리 이들은 과감한 노출이 있거나 본격적인 애정 장면이 길게 이어지는 그런 영화는 아니었다. 그런데도 영화의 구체적인 내용은 기억나지 않는다. 청소년의 눈으로 봐도 서사가 탄탄하다는 느낌은 들지 않았다.

80년대 초는 한국형 에로 영화가 본격적으로 시작되던 때이다. 미모를 강조하던 배우들과 달리 육감적인 몸짓으로 승부하는 여배우, 영화가 등장한 것이다. 대표적인 시리즈가 <애마부인> 아니었나 싶다. 안소영이라는 여배우가 이 영화로 혜성같이(?) 등장했는데 <산딸기> 시리즈의 첫 편도 그녀가 주연을 맡았다. <애마부인>2의 주연이었던 오수비라는 배우는 제목이 인상적이었던 <훔친 사과가 맛이 있다>라는 영화에도 출연했던 것 같다. 이 영화들을 다 찾아보지는 못했지만, 나는 이런 영화를 보고 온 친구들이 히히덕거리며 교실에서 떠들면 안 듣는 척 하면서도 귀를 기울이곤 했다. 여하튼 그

시대에 남자 중고등학교 교실에서 에로배우들은 큰 화젯거리였다.

중학교 때는 그렇다고 쳐도, 모든 학생이 10시까지 학교에서 자율학습을 했던 고등학교 시절에 동시 상영관을 다녔던 나의 용기는 지금 생각해도 놀랍다. 소위 말하는 땡땡이를 친 것 아닌가. 그것도 학생부 선생님께 들키면 처벌을 받을 수도 있었는데.* 배우 정윤희가 좋았다고 하지만 그녀를 핑계로 작으나마 일탈을 할 수 있었던 게 더 좋았는지도 모른다. 어깨를 드러낸 예쁜 여배우에 호기심을 느끼고 컴컴한 홀에서 조금은 불량하게 앉아 있는 기분을 느끼는 것 자체가 좋았을 것이다. 지금 생각하면 그 나이 또래가 경험할 만한 스릴로는 그리 위험한 것도 아니었다.

---

*   학생들이 극장에 갔다가 학생부 선생님께 걸려 낭패를 치렀다는 이야기를 소문으로 듣기는 했는데 실제 가까운 곳에서 본 적은 없었다. 가끔이지만 영화관에 갔을 때 특별히 단속하는 분위기를 느꼈던 적도 없었다. 그래서 한 번에 끝날 수도 있었던 일탈이 몇 번이나마 이어질 수 있었다고 생각한다.

공터의 아이들

　지금은 서울에서 빈 땅을 찾아보기 어렵지만, 80년대 초반만 해도 서울 변두리 지역에는 공터가 꽤 많았다. 공터는 시민들의 휴식을 위해 인공적으로 조성한 지금의 공원과는 전혀 다른 공간이었다. 공터는 그저 임시로 비워둔 땅이었다. 잡초가 자라는 공터가 있었는가 하면, 한쪽에 커다란 상하수도관이 쌓여 있는 공터도 있었다. 계절에 따라 공터에는 풀이 우거지고 빗물이 고였으며 얼음이 얼기도 했다. 도시 개발이 한창 진행되던 때라 담장 바로 옆이 공터인 경우도 많았다. 오락거리가 부족했던 아이들은 그 공터에 모여 놀았다. 놀이기구 하나 없는 그곳은 순전히 사람이 채워야 하는 공간이었다.
　중학교 때 내가 살던 집 옆은 넓은 공터였다. 동서가 남북보다 긴 직사각형의 땅이었다. 1층은 상가이고 2층에는 두 가구가 살 수 있도록 지어진 우리 집보다도 넓은 땅이었다. 지금 생각하면 개발된 택지를 동시에 분양했는데 누군가 사정이 있어서 건물을 짓지 못하고 버려둔 땅이 아니었나 싶다. 주택 사이에 있고 바닥도 고른 편이어서 그곳은 동네 아이들의 놀이터로 더없이 좋았다. 축구도 하고 캐치볼도 하고 다방구도 했다. 여자아이들은 사방치기나 고무줄놀이를 했다. <무한도전> "명수는 12살"에서처럼, 정신없이 놀다가 해가 질 때쯤이면 어딘가에서 밥 먹으라는 어머니들의 목소리가 들리곤 했다.

막 개발 중이던 그 동네에는 참 다양한 사람들이 살았다. 가난한 공동주택에서 큰 대문을 가진 고급 주택까지 집들도 다양했다. 멀지 않은 곳에 H 교통의 종점이 있었고 종점 골목을 따라 길게 상가들이 이어져 있었다. 개천을 덮어 길을 낸 복개도로를 따라서 음식점과 술집들이 늘어서 있던 것도 기억난다. 버스 종점 건너편에는 Y모자 공장이 있었는데 공장 옆에는 직원들의 기숙사도 있었다. 여자 직원들은 중학생이던 나보다 그리 나이가 많아 보이지 않았다. Y모자 공장 뒤 언덕으로는 오래된 집들이 다닥다닥 붙어 있었다. 사람들은 그곳을 편하게 단지 동네라고 불렀다. 나는 이 종점에서 같은 버스를 타고 중학교 3년 고등학교 1년을 다녔다.

동생과 함께 쓰던 내 방 창문은 남쪽으로 나 있었는데 길 건너에 오래된 연립주택이 있었다. 공터에 나오는 아이 중에는 이 연립주택 주민이 많았다. 거기에는 같은 반 친구도 한 명 살고 있었다. 그 친구의 아버지는 버스 운전을 하셨고 어머니는 야쿠르트를 배달하셨다. 낮에는 그 집에 사람이 없어서 반 친구들과 한두 번 놀러 가기도 했다. 주인인 친구는 평소에 말이 많거나 나서는 아이는 아니었는데 자기 집에서만큼은 매우 수다스러웠다. 좀 시니컬하기도 했다. 원하지도 않았는데 부모님 거라며 친구들에게 이상한 소리가 담긴 녹음테이프를 들려주기도 했다. 표를 내지는 않았지만 나는 매우 당혹스러웠다. 그 또래 아이들의 호기심으로 이해한다 해도 그의 행동은 좀 이상했다. 나중에 그의 어머니가 재혼하신 거라는 이야기를 들었다. 지금 돌아보면 중학생 아들이 어머니와 새아버지 사이에서 사는 일이 그리 쉽지 않았을 수도 있었겠다는 생각이 든다. 그 친구는 내가 알지 못하는 무언가를 표현하려 했을 터인데, 나는 맥락도 짚지 못했다.

공터에는 예쁘고 귀여운 여자아이도 있었다. 그녀는 나보다 한 학년이 아래였는데 동네에서 눈에 띄는 좋은 집에 살았다. 그 집은 대문도 컸고 담장도 높았다. 아침저녁으로 집 앞에 검은 차가 와서 그녀의 아버지를 태웠다. 아마도 관용차였을 것이다. 같이 무엇을 하고 놀았는지는 기억에 없다. 하지만 그 애는 '탱크 오빠'라 부르며 나를 잘 따랐다. 먼저 인사하고 말도 자주 걸어 주었다. 그런 시간도 잠시 어느 때부턴가 그녀는 공터에 나오지 않았다.

인연(?)이 이어진 건 고등학교 때였다. 하교 버스에서 고등학생이 된 그 애를 우연히 만났다. 몇 번의 이사 끝에 나는 다시 H 교통 시내 버스를 타고 하교 중이었다. 그리고 창밖을 보며 자리에 얌전히 앉아 있는 그녀를 본 것이다. 교복 자율화에도 불구하고 그녀는 개량 교복을 입고 있었다. 지금은 이름이 바뀐 K 여고의 원피스 비슷한 교복이었다. 서로 알아본 게 신기하기도 해서 우리는 버스에서 내려 잠시 이야기를 나누었다. 주소도 주고받았다. 그 후로 집에 오는 버스를 타면 혹시 그녀가 타고 있는지 차 안을 둘러보는 습관이 생겼다.

내가 대학생이 되고 그녀가 고등학교 3학년일 때 편지로나마 격려 비슷한 걸 해줬던 기억도 있다. 힘내서 열심히 공부하라는 내용이었을 것이다. 그리고 그녀에게서 대학 합격 소식을 알리는 편지를 받았다. 어느 대학 무슨 과에 입학하게 되었는데 만족스럽지는 않지만 그래도 공부하기 힘들었다는 정도의 내용이었다. 합격을 축하해 주기 위해서 나는 그녀를 내가 다니던 대학으로 초대했다. 2월이었다. 로버트 드니로와 제러미 아이언스가 주연한 영화를 보고 저녁도 같이 먹었다. 당연히 같은 버스를 타고 집으로 돌아왔다. 어쩌면 첫 데이트가 될 수도 있는 만남이었다. 그런데 공교롭게도 그날 내 이후의 인생을 결정할 중요한 사건이 벌어졌다. 거짓말 같은 우연이 만든 그 사건으로 인해 나는 다시 그녀를 볼 수 없게 되었다. 그녀 입장에서 보면, 나는 그날 정말 아무 배려 없이 무례하게 행동했다. (이건 79~85 밖의 이야기이지만 나는 그녀와의 데이트를 망친 다른 여인과 이후에도 계속 만났고 지금까지 함께 살고 있다.)

공터에 나와 놀지 못하는 아이도 있었다. 옆집에 살던 나보다 한 학년 아래 남자아이는 다리가 불편했다. 그는 비가 오는 날이면 옷을 흠뻑 적셔 귀가했고 가끔 넘어져 바지를 버리기도 했다. 그 집 어머니는 아들 때문에 무척 속상해했다. 아주머니의 속상한 이야기를 우리 어머니께서 많이 들어주셨던 것 같다. 내가 쓴 교과서를 그 친구에게 물려주었던 기억도 있다. 그는 가방 무게를 줄이기 위해 학교와 집에 책을 따로 두었다. 그때도 새 책을 살 방법이 없지는 않았겠지만, 집안 형편이 그리 넉넉하지 못했던 것 같다.

한 건물 2층 벽을 사이에 두고 동희네가 살았다. 할머니, 젊은 부부, 이 집에서 태어난 손녀 넷이 함께 살았다. 할머니는 많은 연세에도 불구하고 멋쟁이셨다. 노래도 잘 하시고 옛날 여학교 다닐 때 이야기도 재미있게 하셨다. 고향이 북쪽이라고 하셨다. 서른 살이 조금 넘었을 그 집 형은 사회인 야구를 했다. 몇 번 공터에서 그 형과 공 받기를 했다. 당시 아이들이 주로 가지고 놀던 야구공과 달리 실밥이 제대로 보이는 야구공(당시에는 홍큐 공이라 불렀다.)을 만져볼 수 있었다. 동희네와는 이사 가기 전까지 3년 이상 이웃으로 살았는데, 나중에 그 집 가정사를 알고는 조금 놀랐다. 그 점잖고 친절한 형이 말하자면 서자였다고 한다. 동희 할머니에게는 내가 상상할 수 없었던 숨겨진 사연이 있었던 것 같다.

중학교 3년은 그래도 내게 가장 안정적인 시기였다. 공부에 대한 부담이 적었던 게 가장 큰 이유가 아니었을까? 그때는 내게 충분한 공터가 있었던 셈이다. 공간이든 시간이든 여유가 있었고 걱정도 적었다. 현재에 대한 불안과 목표에 대한 강박이 적다면 우리는 행복해질 수 있다. 그런데 거기서 벗어나기가 그렇게 어렵다. 우리가 행복하지 못한 이유가 바로 거기 있다는 것을 알면서도 말이다.

방학과 시골 할머니 댁

그 시절 초중고 학생들에게 방학은 정말 공부를 놓고 지내는 기간이었다. 과목별 숙제는 물론 한 권짜리 <탐구생활>조차 열심히 풀어본 적이 없는 것 같다. 몇 학년 때였는지 라디오 교육 방송과 <탐구생활>을 연계해야 하는 방학 숙제가 있었는데 그것도 며칠 방송을 듣다 포기해 버렸다. 초등학교 때는 일기 숙제도 있었다. 사나흘 일기를 하루에 몰아 쓰기도 하고 일주일에 한두 번 쓰기도 했다. 별일도 없는데 매일 일기를 쓸 필요가 있겠느냐고 스스로 합리화했던 적도 있다. 방학 내내 쓴 일기 양이 적으면 개학을 앞두고 몰아 쓰기도 했다. 초등학교 저학년 때는 그림일기 숙제가 있었다. 그림일기 공책은 한 페이지를 반으로 나누어 위에는 그림을 아래는 글을 쓰게 되어 있었다. 그림 그리기를 싫어해서 그 숙제가 가장 싫었다.

중고등학교 때는 방학 공부 계획을 따로 세우거나 독서실에 등록해 매일 규칙적으로 공부하는 친구들도 있었다. 공부 계획이 전혀 없지는 않았겠지만 나는 거창하게 계획표를 짜거나 목표를 세우는 스타일은 아니었다. 그때는 재학생의 학원 수강이 금지되어 있어서 지금처럼 학원의 방학 프로그램을 따라갈 필요도 없었다. 종일 집에서 뒹굴거나 동네 친구들과 만나서 시간을 보내는 일이 많았다. 물론 모두 대학 입시가 코앞에 닥치기 이전의 일들이다.

긴 방학 내내 서울에만 있었던 건 아니다. 방학이면 거르는 일 없이 시골 할아버지 할머니를 뵈러 갔다. 학교는 모두 서울에서 다녔지만, 나는 리 단위 시골에서 태어났다. 둘째인 나까지 낳고 부모님은 근처 읍내로 나오셨고 거기서 동생을 낳은 후 과감하게 서울로 이사를 하셨다. 가산을 정리하고 대처로 나와 새로운 삶을 시작하신 셈이다. 주변의 이야기를 종합해 보면 형이 9살 내가 5살, 동생이 3살 때쯤인 것 같다. 그나마 당시 서울에는 결혼한 고모가 살고 계셨다고 한다. 친가 외가를 합쳐 우리가 두 번째로 서울에 올라온 집이었다. 부모님은 성북동, 사당동을 거쳐 서울 서남쪽 동네에 자리를 잡으셨다.

나는 집성촌에서 태어났다. 큰집 마을 사람들이 모두 같은 성 같은 파였다. 넓게 보면 마을 사람들이 모두 친척이었던 셈이다. 이십여 호밖에 안 되는 고향 마을과 산 너머의 조금 더 큰 마을이 혈연으로 엮여 공동체를 이루고 있었다. 남자들은 모두 항렬을 썼기 때문에 이름만 알면 누가 위고 누가 아래인지 금방 알 수 있었다. 고향에는 나보다 한 달 먼저 태어난 7촌 아저씨도 있었다. 특별히 존대는 하지 않지만, 지금도 나는 그를 아재라 부르고 아재는 나를 조카라 부른다. 언젠가 아재가 아버지 안부를 묻는데 형님이라고 해 속으로 깜짝 놀란 적이 있었다. 차가 다니는 큰길에서 고향 마을로 들어오는 비포장도로 중간에는 박 씨들만 사는 동네도 있었다.

어릴 적 본 집성촌의 명절 풍경은 지금도 잊히지 않는다. 부모님 따라 설을 쇠러 가면 마을의 가장 큰댁에서 차례를 지내고 아침을 먹었다. 그리고 족보가 어찌 되는지도 모르는 집을 몇 번 거쳐 내 큰집에 와서 점심을 먹었다. 수십 명의 친척이 이 경로를 따라 오전 내내 차례를 지낸 것이다. 어른들은 방안에서 절을 하고 나처럼 어린애들은 멍석 깔린 마당에서 앞사람 따라 키들거리며 방 쪽으로 절을 했다. 형 또래 남자들 따라 쫄랑쫄랑 따라다닌 게 내가 기억하는 시골 명절이었다. 물론 온 마을 사람들이 함께 움직인 건 아니었다. 친척 관계에도 멀고 가까움이 있어서 차례 무리는 몇 그룹으로 나뉘어 움직였다. 그시절 명절에는 동네 인구가 최소한 두 배로 늘었던 것 같다. 우리 가족처럼 서울이나 경기도에서 내려간 집도 있고, 가까운 청주에서 온 친척들도 있었다.

그런 마을이다 보니 동네 사람들은 남의 집 사정을 속속들이 잘 알았다. 방학 때 시골에 내려가면 어른들은 모두 나를 알아보셨다. 누구네 몇째구나, 누구 동생이구나, 서울 어디 산다지 등 굳이 길게 답하지 않아도 될 질문을 많이 받았다. 내가 태어나던 때 이야기를 하는 아주머니도 계셨다. 내 가형이 당숙 집에 양자 갈 뻔한 이야기도 빠지지 않았다. 동네에서 가까운 친척이라 할 수 있는 당숙 댁에는 늦게까지 아이가 없었다. 그런데 작은집 둘째인 아버지께서 먼저 아들을 본 것이다. 대를 이을 손자가 없는 당숙 댁 큰할머니께서는 늘 형을 업고 다니시며 양자로 달라고 하셨단다. 다행히 이 년 뒤 6촌 형이 태어나 양자 일은 없던 게 되었다고 한다.

시골에서는 식사 때가 되면 아무 집에서나 밥을 먹었다. 밥 먹자고 굳이 큰집으로 돌아가지 않아도 되었다. 형과 나는 당숙 댁에서 자주 저녁을 먹었다. 텔레비전을 보기 위해서였다. 언제까지인지는 모르겠지만 큰집에는 텔레비전이 없었다. 텔레비전 있는 집이 많지 않아 나 말고도 아이들은 텔레비전 있는 몇몇 집들로 모였다. 전파 사정이 좋지 않아 마을에서는 산꼭대기에 공시청 안테나를 세워 함께 사용했다.

큰집 문밖 나무에는 공청 라디오 스피커가 달려 있었다. 하루 종일이었는지는 모르겠지만 스피커에서는 라디오 방송이 흘러나왔다. 음악이 나오기도 하고 드라마가 나오기도 했다. 지금도 기억나는 라디오 드라마는 <그림자>이다. "대공 수사 드라마"라고 안내하는 멋진 남자 목소리와 함께 드라마가 시작되었다. 드라마의 내용은 다 잊었는데 서유석이라는 가수가 부른 주제곡 '그림자'는 생생하게 기억난다. 노래의 후렴은 "어둠이 내리는 길목에 서성이며 / 불 켜진 창문을 바라보면서 / 아아 외로운 맘 달랠 길 없네 / 그림자 내 이름은 하얀 그림자"였다. 그때가 아마 초등학교 고학년 때쯤이었을 것이다. 당시 남자 어른들은 녹색의 새마을 모자를 많이 쓰고 다니셨다.

   시골의 여름 해는 참으로 길다. 일도 하지 않는 어린이의 하루는 말할 것도 없이 길었다. 여름에 먹은 간식으로는 가마솥에 찐 옥수수가 제일 맛있었다. 반대로 시골의 겨울은 무척 황량했다. 쌓인 눈은 잘 녹지 않았고 일없이 돌아다니는 사람도 없었다. 다들 방안에서 화로를 끼고 이야기나 나누는지. 그때는 비닐하우스라는 것도 흔치 않았다. 그나마 겨울에 재미있는 일은 사냥이었다. 고등학교 다니던 친척 형이 사냥용 공기총을 가지고 있었다. 총부리에 달린 긴 대를 펌프질해서 공기를 압축하는 총이었다. 참새나 꿩 사냥을 했는데 산탄과 납탄을 함께 사용했다. 참새는 함께 잡았지만 꿩 잡는 걸 직접 보지는 못했다. 그 형은 연습한다고 애꿎은 나무에 대고 총을 쏘아대기도 했다.

   시골의 밤은 어둡다. 불을 끄면 코앞의 사물도 분간하기 어렵다. 그래서 밤에 집 밖 변소에 가는 일이 아주 싫었다. 집마다 랜턴이 있었지만 그래도 밤길은 무서웠다. 지상이 어두웠던 반면 하늘은 말로 표현하기 어려울 만큼 화려했다. 어느 날 4촌 형님의 경운기 뒤에 매달려 바라본 밤하늘은 지금도 잊을 수가 없다. 그렇게 별이 가득한

하늘은 처음 보았다. 어른이 되어 로키산맥이나 애리조나, 스위스에서도 밤하늘을 본 적 있지만 어릴 때 바라본 안적골 하늘만큼 인상적이지는 않았다. 하늘이 별로 가득해 내가 그리로 빠져드는 것 같았다.

외갓집 동네는 그래도 신작로(당시에는 큰길을 그렇게 불렀다.) 옆이어서였는지 다른 성 가진 사람들이 모여 사는 큰 규모의 마을이었다. 내 큰집과 외갓집은 십 리도 안 되는 거리에 있었다. 시골에 가게 되면 외갓집과 큰집을 오가며 지냈다. 포탈에서 길찾기를 해보면 두 마을의 거리는 3.2km, 도보로 48분 걸린다고 나온다. 승용차로는 5km 거리에 11분 소요된다고 하니, 지금도 지름길이던 산길로는 차가 못 다니는 모양이다. 부모님은 중매결혼을 하셨다. 아마 두 마을을 다 잘 아시는 분이 나서서 신랑 신부를 소개하셨지 싶다. 1960년쯤 결혼하신 것 같은데 말을 타고 가마를 타신 두 분의 결혼식 모습이 흑백 사진으로 몇 장 남아 있다. 아버지는 하얀 한복에 모자를 쓰셨고 어머니는 지금은 폐백에나 입는 족두리 한복을 입으셨다. 결혼식장은 외갓집 마당이었다.

외갓집 옆에는 텃밭이 있었다. 텃밭이라고 하지만, 마당 있는 집

---

* 한때 근동에서 유명할 정도로 번성했던 내 고향은 이제 십여 호만 남아 있는 작은 마을이 되었다. 근처 읍에 살면서 출근하듯 들어와 농사를 짓는 친척도 있다. 타성바지도 들어와 산다고 한다. 나와 동갑이 마을에 셋 있었는데 지금은 모두 고향을 떠났다. 서울에 둘 청주 시내에 하나가 산다.

몇 채를 지어도 남을 만큼 넓었다. 어린 내가 느끼기에 그 밭은 먹을거리의 보물 창고였다. 제일 맛있는 건 지금 복분자라고 부르는 산딸기였다. 가시나무에서 딸기가 열리는데 외할머니는 뱀 나온다고 가까이 가지 말라고 하셨다. 산딸기로는 술을 담그기도 했다. 토란잎에 물방울 굴러가는 것도 거기서 처음 보았다. 어릴 때부터 먹어서 그런지 지금도 나는 토란을 좋아한다. 고구마를 꽤 넓게 심었고 상추 등 바로 먹을 수 있는 채소도 많았다. 지금은 이름을 기억할 수 없는 다양한 먹거리들을 그 밭에서 바로 깨서 먹었다. 외갓집 뒷마당에는 감나무가 서너 그루 있었고 대문을 나서면 왼쪽에 큰 밤나무가 한 그루 있었다. 담을 따라 토마토와 오이, 변소 가는 길 주변에는 옥수수가 자라곤 했다. 외갓집 논은 그때는 제천선이라 부르던 철길 근처에 있었다. 여름날 철길을 따라 뛰어다니다 우연히 논 가운데 서서 피를 뽑고 약을 치시는 외할아버지 모습을 본 적이 있다. 지금도 그 모습은 한 장의 사진처럼 머릿속에 남아 있다.

　외갓집 담과 텃밭 사이에는 돼지우리가 있었다. 일자로 길게 지은 우리였는데 방이 서너 개는 되었던 것 같다. 동쪽인 텃밭 쪽으로 입구가 열려 있었다. 거기서 돼지가 새끼 낳는 걸 처음 보았다. 아주 조그만 새끼가 열 마리 이상 태어났는데 어미에 눌려 죽을 수 있다고 외할머니는 새끼를 옆으로 치우셨다. 외양간은 돼지우리 반대편, 마당 한쪽에 변소보다 가까운 곳에 있었다. 거기서 송아지가 태어나는 장면을 보았다. 높은 곳에서 쿵하고 떨어지듯 갑자기 송아지 나 나타났는데, 어미 소가 혀로 몸에 붙어 있는 막을 핥아주니 송아지는 바로 일어섰다. 송아지는 비틀거리다 한두 번 넘어진 후 바로 네 발로 섰다. 모두 밤이어서 옆에서 불을 밝혀주어야 했다. 생명의 신비라는 말은 너무 식상한 표현이지만 어린이가 어떤 '경이로움'을 느끼기에는 충분한 경험이었다.

외할머니는 두부를 직접 만들어주셨다. 그분은 내 초등학교 졸업식의 유일한 손님이셨다. 키가 작으셨는데 진천에서 청원으로 시집오신 임씨셨다. 일찍 낳은 아들을 잃고 딸 다섯을 키우며 말못할 설움을 안고 사셨다. 그래도 아흔여덟 해를 사셨다. 큰집 할머니가 만드신 단술과 동치미를 나는 좋아했다. 내가 결혼하고 바로 돌아가셨으니 할머니 뵌 지는 이십 년이 훨씬 넘었다. 할아버지는 내가 초등학교 때 돌아가셨다. 방학 때 내려가면 할아버지와 사랑방에서 자곤 했다. 할아버지는 목침을 베고 주무셨고 긴 곰방대를 태우셨다. 장지갑처럼 둘둘 만 파우치에서 부서진 담뱃잎을 꺼내 곰방대에 꾹꾹 눌러 라이터로 불을 붙이셨다. 어린 나는 잘 몰랐지만, 할아버지가 술을 좋아하시는 호인이시라 할머니가 걱정을 많이 하셨다고 한다. 할아버지가 일제 강점기 징용으로 남양군도에 끌려갔다 돌아오셨다는 이야기는 어른이 되어서 들었다. 할머니, 할아버지, 외할머니, 외할아버지 이렇게 불러보면 눈물이 나기도 하는데, 나는 일 년에 몇 번이나 그분들을 생각하는지. 그저 죄송스러운 마음뿐이다. 그분들 덕분에 나는 우리 아이들은 절대 가질 수 없는 행복한 추억을 가질 수 있었다.

어쩌다 내가 시골 이야기를 하면 두 아들은 '전근대'를 넘어 조선시대 이야기를 듣는 듯한 표정을 짓는다. 현실감을 1%도 못 느끼는 것 같다. 내가 아이들 나이 때 부모님의 이야기를 먼 옛날 이야기로 느꼈듯이. 서울서 자란 내가 시골 사람이 아닌 건 확실하다. 하지만 그곳 사람들에게서 나서 그곳 사람들의 영향을 받으며 자란 것도 사실이다. 지금의 나를 만드는 데는 어른이 되어 읽은 몇 권의 책보다 그곳에 대한 기억이 더 많은 영향을 끼쳤을 것이다.

반공 포스터와 거리 동원

내가 원고지에 처음으로 쓴 글은 '육이오 글짓기'였다. 방학 숙제나 일기처럼 일상적인 숙제가 아니라 수상을 목적으로 학교에 제출한 첫 글이기도 했다. 초등학교 저학년 때였는데 "중공군의 인해전술로 인해 우리 국군은 눈물을 머금고 후퇴해야 했고……". 뭐 이런 내용의 글이었다. 어린 나이에 전쟁에 대해 무슨 뚜렷한 생각이 있었겠냐만 반공 교육을 받은 보통 학생 수준에서 당시 이념에 맞는 글을 썼을 것이다. 누군가 잘 썼다고 칭찬을 해주어서 기분이 좋았었다.

미술 시간에는 포스터를 많이 그렸다. 반공 포스터, 불조심 포스터를 매년 혹은 매 학기 한 번은 그렸다. 포스터 그리기는 그리 어렵지 않았다. 미술에 재능이 없는 나 같은 학생도 자만 있으면 그럭저럭 그려낼 수 있는 것이 포스터였기 때문이다. 포스터를 따라 그림 아래에 표어를 적어넣기도 했다. 도화지 전체에 표어만을 그리는 일도 있었다. 가능한 글자를 크게 하는 게 내가 터득한 표어 그리기 요령이었다. 포스터를 그리는 데는 수채화 물감과 다른 포스터물감을 사용했다. 병 속에 든 물감에 직접 물을 부어 사용했는데 포스터물감은 페인트처럼 불투명했고 덧칠하기도 쉬웠다. 최근에도 문방구점에서 포스터물감을 본 적이 있다. 여전히 학교에서 포스터나 표어를 그리고 있는 걸까? 아니었으면 좋겠다고 생각했다.

표어 짓는 수업도 있었다. 어떤 과목 시간에 했는지는 기억나지 않는다. 즉석에서 생각한 별의별 표어가 다 등장했다. 학생들이 만들었던 조잡한 표어는 지금 기억나는 게 없다. 전 국민이 알만한 표어는 그때도 이미 충분히 있었다. 불조심 표어로는 "자나 깨나 불조심 꺼진 불도 다시 보자"가 가장 유명했다. 더 흔한 건 반공 표어였다. "어둠 속에 떨지 말고 신고하여 광명 찾자"는 어디 있을지 모르는 간첩들이 봐야 할 글이었고, "범죄 신고는 112 간첩 신고는 113"은 전 국민이 잊지 말아야 할 번호였다. '반공 방첩'이라는 글씨가 사방에 널려 있던 것도 기억난다. 서울 변두리나 시골 석유 가게 블록 벽에는 어김없이 붉은 페인트 글씨로 이 네 글자가 쓰여 있었다.

예전 사회주의 국가나 전체주의 국가에서도 표어와 포스터를 많이 활용했다고 하는데, 권력자들은 국민 단결과 동원을 위해 그것이 효과적이라고 생각했던 모양이다. 멀리 갈 것도 없이 표어와 포스터는 일제강점기 일본 제국주의가 선호하던 선전 방식이었다. 그 선전 방식이 내 학생 시절까지 그대로 이어져 온 셈이다. 내가 6학년까지 다닌 학교는 초등학교가 아니라 국민학교였다. 학교 교육의 목표가 제국의 충성스러운 국민을 양성하는 데 있었다는, '황국신민학교(皇國臣民学校)'를 떠올리게 하는 그런 이름이었다. 다른 여러 요소까지 고려해 보면 80년대 초까지 우리나라는 전체주의 국가였던 것 같다.

국민학교에 가장 어울리는 행사가 국기 게양식과 국기 하강식이었다. 아침 등교 시간과 일몰 즈음에 동사무소(요즘은 문화 센터로 이름을 바꾸었다.)나 학교 스피커에서 애국가가 흘러나오면 거리의 사람들은 일제히 걸음을 멈추고 가까운 국기를 향해야 했다. 국기가 보이면 가슴에 손을 얹거나 거수 경례를 해야 했고, 국기가 보이지 않으면 제자리에 서서 애국가를 들어야 했다. 길을 가다가도 운동장에서 축구를 하다가도 그 시간이면 사람들은 모든 행동을 멈추었다. 요즘은 옛날 영화나 기록 필름에서나 볼 수 있는 풍경이지만 지금 50대 이상은 매일 이런 일과를 경험했다.

월요일 아침이면 모두 운동장에 나와 '애국 조회'를 했다. 교장 선생님 훈화가 꼭 있었고 훈화는 가정, 이웃, 학교, 국가 등 개인보다는 집단의 중요성을 강조하는 내용이었다. 운동장에 모이고 줄을 맞추고 해산해 교실로 들어가는 과정이 모두 소란스러워 조회를 좋아하는 학생은 없었다. 번거롭고 짜증스럽게 여기시기는 선생님들도 마찬가지였던 것 같다. 더운 데 오래 서 있어서 쓰러지는 학생도 있었다. 운동장에 학생들을 줄 맞춰 세워두는 문화는 틀림없이 군대에서 왔을 것이다. 그걸 중요한 교육이라고 생각한 사람들은 교육의 목표를 무엇이라고 생각했는지 궁금하다. 비가 오는 월요일 아침에는 교실에서 애국 조회를 했다. 교실에 걸린 태극기에 경례하고 애국가를 부르고 스피커를 통해 흘러나오는 훈화를 들었다.

동네 야산이나 새벽 길거리에서는 삐라*를 볼 수 있었다. 불온 삐라를 주운 학생은 바로 파출소나 학교에 신고해야 한다고 배웠다. 내용을 봐서는 안 된다고 선생님께서 말씀하실 때는, 내용을 안 보고 어찌 불온 삐라인지 알 수 있는지 궁금했지만 묻지는 않았다. 친구들 대부분 신고하기 전에 무슨 내용인지 살짝 보곤 했다. 나도 몇 종류의 삐라를 주운 적이 있었다. 알록달록한 원색으로 촌스럽게 인쇄된 종이에 북의 체제 선전과 남에 대한 비난이 담겨 있었다. 반공 교육을 잘 받아서 그런지 그까짓 조잡한 선전물을 보고 사람들 생각이 바뀔 것이라 믿지는 않았다. 뉴스에서 본 바로는 21세기 들어서는 남쪽에서 북으로 전단지를 많이 날렸다고 한다. 실제 어떻게 생겼는지 보지는 못했지만 어릴 적 내가 보았던 삐라와 뭐가 다를까 싶다. 월남한 이들의 단체, 극우 단체가 관련되어 있다고 하는데 아마 자기 존재를 드러내고 싶은 공명심 때문에 하는 일일 가능성이 크다.

---

* 일본어에서 온 말로 지금은 전단지라고 부른다.

사회 전반적인 분위기 때문이었겠지만, 어른들은 학생은 쉽게 동원해도 된다고 생각했다. 큰 행사가 있으면 어김없이 중고등학생이 동원되었다. 어떤 이유에선지 몰라도 학년 전체가 영화를 관람한 적도 있었다. 학생들 역시 외부 행사에 끌려다니는 것의 부당함에 대한 특별한 자각이 없었다. 수업 빠지고 학교 밖으로 나갈 수 있어서 좋아하기까지 했다. 허술한 인원 점검을 이용해 일찍 다른 길로 새는 아이들도 있었다.

내가 다닌 중고등학교는 모두 공항 근처에 있었다. 그래서 동원되는 곳도 공항로로 정해져 있었다. 당시에는 올림픽대로도 인천공항도 없어서 외국 대통령 등이 오면 김포 공항에 내려 공항로를 이용해 시내로 가야 했다. 레이건 미국 대통령과 요한 바오로 2세인가 하는 교황이 한국을 방문했을 때 나는 같은 학년 친구들과 함께 공항로 보도에 서서 국기 흔드는 일을 했다. 학생들이 인도가 안 보일 정도로 빽빽하게 도롯가에 서 있으면 국기를 실은 트럭이 지나가면서 국기 뭉치를 길가에 던져두었다. 그러면 누군가 뭉치를 풀어 학생들에게 두 개씩 나누어주었다. 그러면 학생들은 국기를 손에 들고 하염없이 빈 도로를 바라보고 기다렸다. 도로는 오래전에 비워졌지만 '귀빈'이 언제 온다는 기약은 없었다. 지칠 때쯤 서쪽에서 '와~' 하는 소리가 들리면 학생들은 덩달아 그냥 '와~'하고 소리를 질렀다. 그렇게 눈 깜박할 사이 '귀빈'의 차가 지나가면 행사는 끝이었다. 수

많은 사람의 아까운 시간 버리며 무슨 짓을 한 건지 지금 생각하면 황당하기 그지없다.

그때는 청소도 참 열심히 했다. 특히 초등학교 때는 담당 구역 청소를 공부보다 더 열심히 한 것 같다. 장학사 오시는 날이나 대청소 날은 학교 전체가 떠들썩했다. 4층 창틀을 밟고 올라가 바깥쪽 유리까지 닦는 위험한 일도 했다. 마루 복도를 닦는 장면은 지금 젊은 사람들이 보면 이채롭다 느낄 만했다. 나란히 어깨를 붙이고 무릎 꿇고 앉은 학생들이 복도 이쪽 끝에서 저쪽 끝까지 천천히 손걸레를 밀며 나아갔다. 문방구점에서 파는 왁스를 각자 소지하고 윤기가 날 때까지 마루를 닦았다. 마루였던 교실 청소도 마찬가지였다. 한쪽으로 책상과 의자를 밀고 걸레질을 한 후 다시 반대쪽으로 책상과 의자를 밀고 걸레질을 했다. 청소를 중요한 교육이라고 생각했던 시절이었다. 선생님들은 교실 청소 검사를 군대 생활관 청소 검사처럼 했다.*

---

* 나는 누군가에게 잘 보이기 위해 그렇게까지 청소를 하는 건 반대하지만, 청소가 중요한 교육이라는 점까지 부정하지는 않는다.

위태로웠던 중학교 교실

　지금도 나는 남녀 공학 중·고등학교보다 남학교와 여학교가 익숙하다. 내가 남자 중·고등학교를 다녔기 때문일 것이다. 그때는 남녀 공학 학교가 거의 없었다. 초등학교를 졸업하면 당연히 남녀가 다른 학교로 진학하는 줄 알았다. 1990년대 이후 점차 남녀 공학 학교가 늘어가는 현상을 보면서 나는 좋은 방향의 변화라고 생각했다. 여자 중고생들의 사정은 모르지만, 남자 중고생들이 조금 덜 험한 환경에서 학교생활을 할 수 있지 않을까 하는 기대 때문이었다. 남학생들만의 교실은 거칠고 때로는 위태로웠다.[*]
　교실에서는 어느 위치에 앉느냐에 따라 무리가 만들어졌다. 나는 비교적 조숙한 편이었다. 중학교 입학 때는 키가 큰 편이었고 고등학교 졸업 때는 중간보다 크지 않았다. 반 전체가 찍은 초등학교 졸

---

*　내 기억으로는 초등학교에서도 4학년 때인가 남자반과 여자반을 나눈 적이 있었다. 어느 높은 분의 변덕 때문이었는지 5, 6학년 때는 다시 남녀 합반이었다. 이유가 궁금하기는 하지만 지금도 내 주변에는 그 이유를 아는 친구가 없다.

업 사진을 보면 나는 맨 뒷줄에 서 있다. 남자 기준으로 반에서 네 번째로 키가 컸었나 보다. 나와 같은 줄에 섰던 그 친구들은 지금까지 선명하게 기억난다. 그들이 수업 마치고 함께 몰려다니던 나의 무리였다. 중학교 때도 맨 뒷줄은 아니었지만 주로 큰 아이들과 어울렸다. 고등학교 때는 키 큰 아이들과 어울렸던 기억이 거의 없다. 당시 앨범을 보면 중간 키 정도의 아이들과 어울려 찍은 사진들이 대부분이다. 그래서인지 고등학교 시절 교실 뒤쪽에서 벌어지는 일들을 나는 잘 모르고 지냈다. 중학교보다 훨씬 더 소란스러웠을 가능성이 큰데도 말이다.

남학교에서는 큰 사고를 치지 않으면, 다른 말로 얌전하게 지내면 모범생이었다. 내가 다닌 학교에는 싸움을 벌이고 담배를 피우고 수업에 자주 빠지는 그런 학생들이 많았다. 서울 변두리 새롭게 개발되는 동네의 학교라서 그런 학생들이 유난히 많았을 수도 있다. 실제로 어린 내가 느낄 수 있을 만큼 학생들의 가정 형편 차이는 컸다. 중학교 등록금을 못 내는 아이가 여러 명 있었던 반면, 작은 연못이 딸린 넓은 정원에서 캐치볼을 하며 노는 아이도 있었다. 새로 조성된 동네에서 온 아이와 옛 동네에서 온 아이는 선생님들도 다르게 '관리'하셨다.

학생들은 특별한 이유가 없어도 싸움을 벌이곤 했다. 그냥 기분 나쁘다는 게 싸움의 이유인 경우가 많았다. 숫양처럼 누가 더 힘이

센가를 겨루기 위해 싸우는 아이들도 있었다. 자기 존재감이나 정체성을 싸움에서밖에 찾을 수 없는 아이들도 분명히 있었을 것이다. 영화처럼 교실 책상을 밟고 건너다니며 싸우는 아이들의 모습을 본 적도 있다. 싸우다 팔이 부러진 아이, 앞니가 부러진 아이도 있었다. 얼굴에 상처가 난 아이도 보았다. 부메랑처럼 날아온 액자에 맞아 눈 위가 찢어진 아이였다. 고등학생들은 방과 후에 학교 밖 어딘가에서 흔히 말하는 패싸움을 벌이기도 했다. 동선이 달라서였겠지만 나는 본격적인 싸움 현장을 목격한 적은 없었다. 무용담처럼 떠도는 소문을 들었을 뿐이다. 지금은 일진이라는 말을 일상적으로 쓰는 모양인데 당시에 그런 단어는 없었다. 그래도 누가 그 반에서 싸움을 잘하고, 누가 어느 패와 어울리는지는 쉽게 알 수 있었다. 관심을 가지기만 한다면.

 중학교 때 같은 반 아이와 싸울뻔한 일이 한 번 있기는 했다. 이유는 기억나지 않는데, 그가 방과 후 운동장에서 나를 보자고 했다. 건물 뒤쪽으로 가다 갑자기 그가 내 가슴을 밀었다. 미리 준비하고 있었는지 내 몸은 밀리지 않았고 오히려 내가 그 아이를 향해 달려드는 형세가 되었다. 주춤한 아이는 나에게 무언가 말을 하고 그냥 돌아서 가버렸다. 이것이 현재 내가 기억하는 사건의 전모이다. 나를 한 번 미는 것이 그 아이의 목표였는지, 다른 이유 때문에 그 아이가 물러선 것인지 지금도 나는 알지 못한다. 사실 그때 나는 적어도 저

애한테는 지지 않을 것 같다는 생각을 했다. 싸워야 한다면 굳이 피하고 싶지도 않았다. 아마 다른 아이들도 이런 마음으로 주먹다짐을 하고 그랬을 것이다.

교실 뒷줄에 앉아 있으면 감당하기 어려운 이야기를 듣기도 했다. 중3 때로 기억한다. 나에게는 친절한 편이었지만 소문이 안 좋은 아이가 둘 있었다. 방과 후 자기 동네로 돌아가면 이름깨나 날리는 아이들이었다. 그들의 대화에 이웃 여자 중학교 다니는 학생의 이름이 언급되었다. 한 반이었던 초등학교 동창이었다. 아이들은 어젯밤을 부모님 없는 누구 집에서 그 애와 함께 보냈다고 무용담을 말하듯 낄낄거리며 떠들어댔다. 민망하게 상세한 묘사까지 덧붙여 가며. 위악적이며 과장이 심한 아이들 이야기를 곧이곧대로 믿을 수는 없다고 생각했다. 믿고 싶지 않았다고 말하는 게 옳겠다. 그래도 며칠 동안 마음이 무거웠다. 그 아이들 입에서 아는 이름이 나왔다는 것만으로도 충분히 불쾌했다.

그 애들은 선생님들에게 거의 야단을 맞지 않았다. 다른 친구들의 공부를 방해하지 않았기 때문이다. 선생님들도 그들에게는 아무 기대도 하지 않았던 것 같다. 그 애들은 수업 시간에는 조용히 있다가 쉬는 시간이 되면 쉴 없이 떠들었다. 시험 때 친구들에게 커닝을 요구하는 영화 같은 일도 없었다. 그 아이들에게 학교는 무슨 의미였을까? 그렇게라도 학교는 다녀야 한다고 생각했을까? 어쨌든 그들은 무사히 중학교를 졸업했다. 현재는 그들이 동창회에서 가장 활발히 활동하는 졸업생이라는 이야기를 들었다. 개발 붐을 타고 동네 유지가 되었다는 말도 들었다.

항상 소란한 교실에도 섬처럼 조용한 자리가 있었다. S라는 학생은 반에서 가장 조용했고 그 애 주변에서도 시끄러운 소리가 나지 않았다. 그 친구는 수업 사이의 쉬는 시간이면 조용히 앉아 전 시간의 수업 내용을 연습장에 그대로 적었다. 복사기처럼 하나도 빠뜨리지 않고 적을 만큼 머리가 좋은 아이였다. 당연히 우리 반의 성적 일등은 그 아이였다. 그는 얼굴에 늘 미소를 띠고 있었지만 좀처럼 자기 이야기를 하지 않았다. 나중에 알게 된 바로, 그는 여호와의 증인 신도였다. 방과 후에 전도 활동을 하는 그의 모습을 보았다는 말을 여러 곳에서 들었다.

중학교 졸업 후 학교가 달라서 직접 만나지는 못했는데 친구를 통해 가끔 그의 소식을 접했다. 고등학교를 자퇴하려는 그를 학교가 막고 있다는 이야기도 들었다. 그는 믿음에 따라 교련 수업을 거부하고 국민의례도 거부했다고 한다. 성격대로 자기를 주장하기보다 조용히 학교를 그만두려 했던 모양이다. 그런데 고등학교에서는 그를 대학 입시 때까지 잡아두고 싶어 했단다. 여전히 공부를 잘하는 학생이었기 때문이다. 교련 시간에는 주번 대신 교실에 남아 있도록 학교에서 조치를 해주었다고 들었다. 이후에 들은 바가 없어 그 아이가 무사히 고등학교를 졸업했는지는 알 수 없었다. 고등학교야 그렇다 쳐도 편법을 쓰기도 어려운 군대 문제는 또 어떻게 해결했는지. 모르긴 해도 그의 학교생활이나 사회생활 모두 그리 순탄치는 못했을 것이다.

차별을 배우는 교실

 아이들에게는 미안한 말이지만 그때나 지금이나 세상은 그리 공정하지 않다. 현실적으로 우리가 상상할 수 있는 최선의 사회조차 불공정을 모두 해결하기보다는 불운하거나 실패한 이들이라도 최소한의 인간적인 삶을 누릴 수 있는 사회이다. 그래서 중요한 것은 공정하냐 아니냐가 아니라 불공정의 정도와 그것에 대한 사회적 인식이다. 교과서에서는 자유와 평등을 가르쳤지만, 그 시절 대한민국에서 중고등학교를 다녔던 사람이라면 현실이 그렇지 않다는 것을 몸으로 느껴 알고 있었다. 다양한 규제에서 자유의 부족을 느꼈다면 교실 안의 차별에서 평등의 부재를 발견할 수 있었다.
 날카로운 비판 의식 같은 건 없었지만 중학교 입학 첫날부터 나는 학생에 대한 학교의 공정하지 못한 시선을 느꼈다. 내가 다닌 Y 중학교 신입생의 대부분은 S 초등학교와 Y 초등학교 졸업생들이었다. 입학식 직후 학생들은 임시 반으로 모였다. 교실에 들어가지 않고 운동장에서 반별로 인원을 점검해 주위가 매우 부산스러웠다. 그때 단상에서 마이크를 든 선생님이 초등학교 때 반장 해본 학생은 손을 들라고 하셨다. 임시 반장을 정하는 모양이라 생각했다. 반마다 몇 명씩은 손을 들었다. 그러자 단상의 선생님은 Y 초등학교 졸업생들은 손을 내리라고 하셨다. 입학식 직후라 학생들이 선 줄 뒤에는 학부모들도 적지 않게 모여 계셨다. Y 초등학교 지역이 S 초등학교 지역보다 경제적으로 가난한 동네라는 사실은 학생이나 학부모나 다 알고 있었다. 그리고 단상 위 선생님의 말씀에 어떤 의미가 담겨 있는지도 모두 짐작했다. 그러나 당장 항의하는 사람은 없었다. 나도 무슨 말을 입 밖에 내지는 않았다. 그때나 지금이나 나는 욕을 잘 하지 않는다.

고등학교 때도 학생들은 차별을 감수하며 지냈다. 내가 다닌 고등학교 건물은 본관과 별관으로 나뉘어 있었다. 본관은 1, 2학년이 별관은 3학년이 사용했다. 생긴 지 오래되지 않은 학교였는데, 한 선배를 통해 두 건물의 초기 사용 방법에 대해 알게 되었다. 그 선배가 입학하기 전 학교는 연합고사 성적과 관계 없이 입학할 수 있었던 전수학교였다고 한다. 일반 인문계로 바뀐 후 첫 학년이 선배네였단다. 선배가 입학하자 2, 3학년은 본관을 사용했고 1학년은 별관을 썼다고 한다. 다음 해에는 1, 2학년이 본관을 쓰고 3학년이 별관을 썼단다. 학교는 본관과 별관의 학생 왕래마저 금지해 인문계 전환 이

전 학생들과 이후 입학생들을 엄격히 분리했다고 한다. 내게 이 이야기를 들려준 선배는 학교에서 '보호'한 학년이어서인지 씁쓸한 표정이었지만 웃으면서 이야기했다. 하지만 반대쪽에 있었던 선배를 만났다면 사뭇 다른 분위기에서 이야기가 전개되었을 것이다.

고등학교 2학년이 되면 문과와 이과 중 하나를 선택해야 했다. 우리 학년은 전체 15반 중 7반이 문과였고 8반이 이과였다. 남자 학교였으니 지금과 비교하면 문과 비율이 높은 편이었다. 나는 고민 없이 문과를 선택했다. 미래의 직업이나 사회적 수요를 고려했다기보다 그저 수학은 못 했고 국어와 사회를 잘했던 학업 성적을 따랐던 것 같다. 언제부턴가 사학과를 가고 싶다는 생각도 했었다. 공부에 큰 관심이 없는 학생들은 이과보다 문과를 선호했다. 2학년에서 3학년으로 진급할 때는 새로운 반 편성이 없었다. 담임선생님과 학생이 한 반인 채 그대로 학년만 올라갔다. 학급 관리와 학업의 연속성 유지를 위해서라고 했는데 학생들은 불만이 있어도 뭐라고 항의하지 못했다. 담임선생님을 좋아하지 않았던 아이들은 당연히 이 방법이 맘에 들지 않았을 것이다. 반장도 한 아이가 2년 내내 했다. 중고교 6년 동안 나는 한 번도 반장 투표를 한 적이 없었다. 담임선생님께서 그냥 지명하셨다.

2학년 때부터 정규 수업이 끝나면 학생 대부분이 자율학습을 했다. 거기서 빠지고 싶으면 특별한 사유가 있어야 했다. 자율학습 공간에도 차별이 있었다. 별관 2층에는 독서실이 마련되어 있었다. 공간이 넉넉하지 않아 100여 명이 앉을 좌석밖에 없었다. 그 자리는 고3 중에서 성적이 좋은 아이들로 채워졌다. 반에서 몇 등 안에 들면 독서실에서, 그 외 학생들은 교실에서 자율학습을 했던 것이다. 수업 마치고 웃고 떠들다가 누구는 가방을 싸서 독서실로 가고 누구는 교실에 그대로 남아 지겨운 공부를 더 해야 했다. 독서실 입구는 당번 선생님이 지키고 계셨지만, 교실마다 담임선생님이 늦게까지 남아 계시지는 않았다.

시험도 참 많이 봤다. 시험 성적이 나오면 결과를 교실 뒤 게시판에 붙였다. 60명의 서열이 성적에 의해 정리되었는데 자기 이름을 종이의 아래쪽에서 발견하면 기분이 좋을 리가 없었다. 당시에는 보통 키의 크고 작음에 따라 교실 내 자리가 정해졌지만, 성적에 따라 자리가 정해지는 일도 있었다. 공부 잘하는 아이를 앞에 앉도록 하거나 아예 성적에 따라 자리 선택권을 주었다. 1학년 때인가 잠시 수학 우열반을 운영하기도 했다. 내 기억에 수학 성적만으로 정확히 반을 나누었던 것 같지는 않다. 누군가는 이중으로 박탈감을 느꼈을 만했다.

성적에 따른 학생 차별은 일상화되어 있었다고 보아도 좋다. 같은 잘못을 저질러도 성적이 좋지 못한 아이, 모범생이 못 되는 아이는 더 큰 벌을 받았다. 독일어 시간이었다. 제2외국어는 학생들이 좋아하는 과목은 아니었다. 선생님도 순하셔서 수업 분위기가 산만한 편이었다. 수업 시간에 떠들다 교탁 앞으로 불려 나간 학생과 선생님의 대화 한 장면이 생각난다.

"왜 떠들고 그래, 너 이번 시험 몇 점 맞았어?"
"예?"
"독일어 시험 몇 점이나 맞았냐고?"
"87점입니다."
"그래? ……, 아주 잘 본 건 아니잖아? 그치? 저기 가서 엎드려 있어."

이 학생은 성적이 안 좋았으면 공부도 못하는 ×이 왜 떠드냐 정도의 말을 들었을 것이다. 성적이 더 좋았다면 공부도 잘하는 ×이 왜 그러느냐 정도의 말을 들었으리라. 그런데 어중간한 성적의 학생이 걸려서 선생님은 어찌 처리해야 할지 잠시 당황하셨고 엎드려뻗쳐 정도의 벌로 상황을 마무리하신 것이다. 독일어 선생님은 학생들에게 평이 나쁘지 않은 분이셨다. 하지만 그분에게도 학생을 성적으로 판단하려는 경향이 있었던 모양이다. 이 광경을 지켜본 반 아이들의 생각도 가지가지였으리라 짐작한다. 어쩌면 늘 겪는 일이라 아무도 관심을 안 가졌을 수도 있다.

세세히 기억나지 않을 정도로 교실에는 차별이 만연해 있었다. 사회 역시 그러했으니 어찌 학교만의 책임이라 할 수 있겠는가. 부당함을 호소하기 어려울 정도로 권위적으로 운영되던 당시 남자 고등학교는 거의 군대 같았다. 지금 생각해도 그 어려운 시기를 무사히 헤쳐나온 게 참 다행이다 싶다. 한편으로는 그런 환경에서 살아온 우리 세대가 그 시대의 정서를 누군가에게 강요하는 상황이 벌어질까 두렵다. 이제 우리 세대는 현재를 긍정하기보다 과거를 그리워하기 쉬운 기성세대가 되어버렸다. 과거 이야기는 누구나 할 수 있지만 어쭙잖게 미화하고 합리화하면 바로 꼰대가 된다. 다른 세대에게 말할 때는 특별히 더 조심해야 한다.

교복 삼 년 자율화 삼 년

중3 때로 기억한다. 등교하다가 교문에서 두발 단속에 걸려 처참하게 머리를 깎인 일이 있었다. 나를 비롯해 단속에 걸린 대여섯 명의 학생들이 경비실 쪽에서 벌을 받고 있었는데 급기야 학생부 선생님께서 바리깡을 들고 나타나셨다. 한 사람씩 차례로 불러내셔서는 머리에 고속도로를 내기 시작했다. 앞머리에서 시작해 정수리를 지나 뒤통수까지 길게 바리깡 자국을 낸 것이다. 그날 나는 수업 시간 내내 교실의 놀림거리가 될 수밖에 없었다. 집에 도착하자마자 이발소를 찾았고 어쩔 수 없이 삭발에 가깝게 머리를 잘랐다. 내 평생 가장 짧은 머리 스타일이었다.

중학교 시절 등굣길 교문에는 선도부와 함께 학생부 선생님이 늘 서 계셨다. 등굣길 학생들은 버스에서 내려 친구들과 떠들며 가다가도 교문에 이르기 전에 자연스럽게 복장 점검을 했다. 호크는 제대로 잠겼는지, 모자는 너무 찌그러지지 않았는지, 너무 눌러쓰지는 않앉는지 등을 살피고 교문에 들어섰다. 팔꿈치 안쪽에 걸거나 겨드랑이에 낀 가방도 똑바로 들어야 했다. 인사를 제대로 하지 않아도 지적을 받았다. 모자를 쓰고 있었는데도 학생부 선생님은 머리 긴 학생들을 참 잘도 찾아내셨다. 학교에 들어서는 건지 위병소를 지나는 건지 모를 정도로 교문 통과는 학생들을 긴장하게 했다.

나는 중학교 3년 동안 교복을 입었다. 지금처럼 학교마다 모양이 다르고 색깔이 다른 개량 교복이 아니라 전국 모든 남학생이 같은 색 같은 모양으로 입었던 그 교복이었다. 중학생과 고등학생은 옷에 달린 장식으로 구분했다. 목까지 올라온 교복의 칼라에는 한쪽에는 학교 배지를 다른 한쪽에는 학년 배지를 달게 되어 있었다. 중학생은 학년 표시가 아라비아 숫자였고 고등학생은 로마 숫자였다. 모자 마크는 학교마다 달랐다. 그때 교복 모양은 색깔만 달랐을 뿐 식민지 시대 일본군 복장과 거의 차이가 없었다. 더 확실히 군복을 떠올리게 하는 건 모자였다. 짧은 머리에 챙 달린 털모자를 쓴 사람이 군인 말고 누가 있겠는가?

하복도 있었는데 하복 모양은 그래도 학교마다 조금씩 달랐다. 내가 다닌 중학교 교복의 상의는 파란색 반팔 셔츠였고 하의는 회색 벽돌 무늬 긴 바지였다. 하복에도 모자가 있었다. 등산모 비슷하게 둥근 챙이 있었는데 챙의 절반은 접어 쓰게 되어 있었다. 중고생 모두 가운데가 갈라지고 양쪽으로 책을 넣을 수 있는, 두 개의 긴 손잡이가 달린 국방색 가방을 들었다. 신발에는 약간 융통성이 있어서 너무 특이하지 않은 모양의 검은색 운동화나 구두면 괜찮았다. 지금도 '학생답다', '학생답게'라는 말을 많이 쓰는지 모르겠지만 그때는 머리카락 짧고 교복 단정히 입어야 학생다운 거였다. 외출할 때도 사복을 입지 말라는 게 학교 방침이었다.

월요일에서 토요일까지 매일 입는 옷이어서 교복에는 사연들이 많았다. 중학교 입학 때 산 옷을 졸업 때까지 입는 학생은 많지 않았다. 낡아서가 아니라 작아져서였다. 몸이 자랄 것을 예상하여 터무니없이 큰 옷을 사주는 집도 있었다. 사실 대부분의 1학년 학생들은 한두 치수 정도는 큰 옷을 입었다. 교복 바지는 자주 뜯어졌다. 매일 입었을 뿐 아니라 조금 작아졌다고 바로 새 교복으로 바꾸는 아이가 많지 않았기 때문이다. 무엇보다 그 바지를 입고 공부도 하고 축구도 하고 농구도 했다. 소나기가 오면 비도 맞았다. 교복은 더러워져도 매일 빨지 못하고 툭툭 털어 다시 입어야 했다. 바지 정도는 여러 벌 마련해 두고 갈아입었으면 좋았겠지만 그렇게 넉넉한 집이 많지 않았다.

중학교 졸업을 얼마 앞두고 바지가 작아져 못 입게 되었을 때 나는 어른들 양복바지를 입고 다녔다. 검은색이어서 줄을 세우지 않으면 교복과 구분이 어려웠다. 그래도 자세히 보면 천의 질이 달랐다. 그만큼 교복 천은 질이 좋지 않았다. 신발도 검은색 어른 구두를 신었다. 운동화가 낡아서였는데 다음 해 교복 자율화가 예정되어 있어서 뭐라도 다시 사기는 주저되었다.

고등학교 입학과 함께 교복 자율화와 두발 자율화가 시행되었다. 사복을 입고 머리를 기른 채 등교할 수 있게 된 것이다. (물론 장발이나 반바지가 허용되지는 않았다.) 학생 대부분은 교복 자율화를 반겼다. 교복이 불편하기도 했지만, 교복으로 상징되는 다양한 규율이 느슨해지리라 기대했기에 조치를 더욱 반가워했다. 학년을 표시하기 위해 교내에서는 가슴에 사진이 달린 신분증을 붙이고 다녔다. 학년에 따라 고유색이 있었는데, 우리 학년은 노란색이었다.

교복이 없어졌다고 고등학교에서 단체복이 사라진 것은 아니었다. 남자 고등학생의 경우 교련복이 있었다. 고등학교 3년을 입고 대학에서도 2년을 더 입었으니 우리 세대는 무려 5년 동안 교련복을 입은 셈이다. 내가 알기로 교련복 상표는 제일모직에서 생산한 엘리트와 선경에서 만든 스마트밖에 없었다. 전국 남자 고등학생들이 모두 입는 옷을 두 회사에서 생산했다니 참으로 대단한 과점이었다.

패션에는 애초에 관심이 없었기에 나는 교복 자율화에 그리 흥분한 편은 아니었다. 그래도 두발 자율화는 좋았다. 아침마다 머리 길이에 신경을 쓰지 않아도 되었기 때문이다. 어쨌든 교복 자율화 이후 학생들이 느끼기에도 새로운 시장이 활성화되었다. 전국의 고등학생이 일제히 새로운 가방과 신발을 사야 했으니 그들을 겨냥한 새

상품이 나오는 것은 당연했다. 가방에는 규정이 있었던 것 같은데 화신 백화점(종각 건너에 있었던 오래된 백화점으로 현 종로타워 자리에 있었다.)에서는 학생들을 위한 가방을 전문으로 팔았다. 백팩이 없던 시절이라 학생들은 어깨에 메는 큰 가방을 선호했다. 학교에 사물함이 갖춰져 있던 것도 아니어서 학생들은 여러 권의 책과 공책을 매일 들고 다녀야 했다.

운동화 시장도 갑자기 활성화되기 시작했다. 학생들에게는 나이키가 가장 인기 있는 상표였다. 인상적인 모델은 신발 앞부분에 갈색의 세무를 댄 흰색 운동화였다. 아디다스와 아식스 신발도 들어왔는데 나이키처럼 대중화되지는 못했던 것 같다. 국산 브랜드로는 프로스펙스나 르카프가 인기 있었다. 대중적인 브랜드로는 월드컵과 스펙스가 있었다. 청보 핀토스 청바지, 조다쉬 청바지도 유행했다. 처음으로 패스트푸드점 비슷한 점포도 생겼다. 그때 생긴 국내 상표 패스트푸드점은 모두 사라진 것 같다. 지금 우리에게 익숙한 맥도널드나 KFC 등의 외국 패스트푸드점은 내가 대학 다니던 시절에 들어왔다. 그나마 맥도날드와 함께 들어왔던 웬디스와 하디스 햄버거는 철수했는지 눈에 띄지 않는다.

교복 자율화는 여학생들에게 더 큰 환영을 받았다. 여자 동창에게 교복 시대의 이야기를 들은 적이 있다. 여학생들의 교복은 남학생들의 그것보다 훨씬 불편했다고 한다. 하복은 속이 비쳐 신경 쓰였는데, 학교에 따라 하복의 속옷까지 규제했다고 한다. 예를 들어 속옷 끈이 1111이면 지적을 받았다는 것이다. 스타킹도 불투명한 타이즈만 신어야 했단다. 치마 안에는 반드시 속치마를 입어야 했는데, 하복은 그렇다 치고 동복은 두꺼워서 비치지도 않는데 이 규정을 지켜야 했단다. 그 동창은 정전기 때문에 너무 불편해서 스타킹 신은 다리에 열심히 로션을 발랐다고 한다. 머리는 귀밑 2센티미터 단발이 규정이었다는데, 센티미터까지 지키려면 남자 못지않게 자주 머리카락을 잘라야 했을 것 같다.

현재는 대부분의 중고등학교에서 교복을 입는다. 교복을 입는 것이 좋은지 아닌지는 지금도 견해가 나뉜다. 경제적 부담과 위화감 때문에 사복을, 불편함과 획일화 때문에 교복을 반대하는 사람들의 목소리가 모두 설득력 있다고 생각한다. 이 논쟁에 끼어들고 싶은 생각은 전혀 없다. 그래도 내가 중학교 때 입었던 교복은 끔찍했다. 두발 제한도 마찬가지였다. 누가 뭐래도 그때 교복은 학생의 개성과 인격은 전혀 고려하지 않은 규율의 편의만을 생각한 권위주의적 행정의 산물이었다.

교련 수업과 학도 호국단 수련회

당시 모든 고등학교에는 학생 조직으로 학도 호국단이라는 게 있었다. 학도 호국단은 일종의 준군사조직이었는데, 우리 학교는 15반이었던 한 학년을 대대로 편성했다. 그리고 대대 세 개, 즉 세 학년을 모아 연대를 편성했다. 학년 대표를 대대장이라 불렀고 학생 전체 대표를 연대장이라 불렀다. 그리고 군대처럼 대장은 네 명의 참모가 수행하였다. 이 모든 조직은 교련 수업과 연결되어 있었다. 일주일에 두 시간 정도 정규 교련 수업이 있었고, 정규 수업 외에 전 학생이 참여하는 훈련 시간이 따로 있었다. 전 학년 혹은 학년별로 모여 국군의 날 행사처럼 열병과 분열을 연습하곤 했다. 그때 대열의 맨 앞에 선 사람은 담임선생님도 반장도 선도부도 아닌 대대장과 연대장이었다. 군 장교 출신인 교련 선생님이 행사 전반을 관리했다.

고등학교 시절 사열은 나중에 군대에서 했던 사열과 크게 다르지 않았다. 각 부대의 대장이 사열대 앞을 행진하며 '우로 봐'를 하면 학생들은 사열대를 향해 고개를 돌렸다. 교련 수업을 위해 학생들에게는 파란 플라스틱으로 만든 모형 M16 소총이 지급되었다. 플라스틱 총은 크기나 모양이 실제 총과 크게 다르지 않았고 심처럼 철근이 박혀 있어 무게마저 실제 총과 비슷했다. 간부 학생들은 소총 대신에 칼을 찼다. 촌스러운 노란색 술이 달린 끈을 어깨에서 허리까지 늘어뜨리기도 했다. 녹색 견장도 달았다. 운동화가 아닌 군화를 신었으며 걸을 때 소리가 나도록 구슬이 달린 링을 찼다. 링이 흘러내리지 않도록 고무 밴드로 교련복 밑단을 졸라 감았다.

오와 열을 맞추고 앞뒤 간격을 맞추어 열다섯 학급 또는 마흔다섯 학급이 사열을 마치려면 오랜 시간이 걸렸다. 실제 사열보다 연습하는 시간이 더 길고 힘들었다. 누군가 높은 분이 온다고 해서 아침마다 사열 연습을 했던 기억도 있다. 교련 수업 시간에는 군대 훈련소에서 할 법한 기초 군사 교육을 받았다. 플라스틱 소총을 들고 포복과 집총 16개 동작을 했던 것이 기억난다. 낮은 포복 높은 포복 응용 포복을 모래가 사각거리는 운동장에서 연습했다. 찌르고 막고 돌려치고 하는 총검술도 연습했다. 교련 모자도 있었는데 요즘 현역 육군 모자처럼 한쪽을 찌그러뜨리게 되어 있었.

1학년 때 나는 대대 참모로 뽑혔다. 구령을 붙일 일도 없고 해서 그리 어려울 게 없을 줄 알았는데 교련 선생님이 방과 후에 따로 제식훈련을 시켜 짜증이 났다. 선생님은 앞줄에 서는 만큼 네 명이 한

몸처럼 줄과 간격을 잘 맞추어야 한다고 하셨다. 동작 하나하나에도 절도가 있어야 한다고도 말씀하셨다. 뒤로 돌 때는 오른발 신발 코를 왼발 뒤에 강하게 찍고 빠르게 돌라고 하셨다. 행진 간에 방향을 바꿀 때도 한 발이 다른 군화를 직각으로 부딪치게 하여 절도 있게 꺾으라고 하셨다. 팔을 드는 각도와 보폭도 맞추어야 한다고 반복 연습을 시키셨다. 사열을 위해 필요한 중고 군화, 링, 고무줄은 친구들과 함께 남대문인가 용산시장에 가서 샀다.

당시에도 교련 교육에 대한 학생들의 불만은 대단히 컸다. 정규 수업까지 빼먹고 운동장에서 앞으로나란히와 줄 맞춰 걷기나 하고 있었으니 당연한 반응이었다. 포복이라도 하는 날은 굵은 모래 때문에 팔꿈치와 무릎이 까지기도 했다. 교련 교육을 중시한 데는 나름의 이유가 있었겠지만 아마도 효과는 크지 않았으리라 생각한다. 소문이었지만 전쟁이 나면 『서부 전선 이상 없다』에서 보듯 호국단 조직 그대로 부대가 편성된다는 이야기도 있었다. <반지의 제왕>이라는 영화에는 오크 병사들이 열병하는 장면이 있는데 그 역할을 뉴질랜드 고등학생들이 했다고 한다. 그런데 뉴질랜드 고등학생이 줄 맞춰 서는 법을 몰라 제작진이 고생했다는 이야기를 들었다. 재미있다고 웃어 넘겼지만 그런 뉴질랜드가 조금 부럽기도 했다.

학도 호국단 간부들은 학교 밖에서 열리는 수련회에 참가하기도 했다. 수련회도 여러 종류가 있었던 것 같은데 나는 종로 사직동에 있는 서울시 교육원에서 실시하는 프로그램에 참여했다. 지금처럼 개인 신청과 같은 절차는 없었다. 그냥 학교에서 가라고 해서 간 것이었다. 안 갈 수도 있었겠지만, 분위기상 선택할 수 있는 일이라 생각하지 못했다. 지금 생각하면 학교에서도 인원 할당을 받지 않았을까 싶다. 사직 터널 근처 산 위에 자리한 교육원에 서울시 곳곳의 학교에서 학생들이 모였다. 숙소는 규모가 작은 내부반(생활관) 모양이었다. 낯선 곳에서 낯선 학생들과 어울리느라 처음에는 많이 긴장했다. 첫날은 실내에서 정신 교육 비슷한 걸 받았다. 수련회의 성격은 첫날 분명히 알 수 있었다. 청소년 반공교육이었다.

큰 버스를 타고 외부 견학을 나가기도 했다. 비무장 지대 안의 대성리 마을에 갔던 게 기억난다. 마을 회관 같은 곳에서 점심을 먹었다. 그곳에서 난 쌀로 한 밥이라고 했다. 땅굴에도 들어가 봤다. 제2 땅굴이었는지 제3 땅굴이었는지 잘 기억나지 않지만, 걸어서 땅굴 끝까지 갔다. 물론 남쪽에서 뚫은 굴이었다. 굴의 끝은 북에서 판 땅굴과 이어져 있었는데 전시용으로 개발한 남쪽 굴에 비해 북쪽 굴은 정리가 안 된 것처럼 보였다. 거리 때문인지 공기 때문인지 땅굴에서는 힘들어하는 학생도 있었다. 전망대 같은 곳에 올라가기도 했다. 멋지게 생긴 장교가 지도를 가리키며 이런저런 설명을 했다. 설명은 그곳뿐 아니라 방문하는 모든 곳에서 있었다. 그러나 무슨 말을 들었는지는 아무것도 기억나지 않는다.

하루 이틀 지나면서 같은 방을 쓰는 학생들은 교육보다는 서로 떠들고 노는 데 더 관심을 가졌다. 취침 시간을 어기고 이야기를 나누기도 했다. 내 건너편 자리에는 C 상고에서 온 학생들이 있었다. 그들에게 들은 이야기 때문에 잠시 겸손해졌던 기억이 있다. 그들은 나보다 나이가 많았다. 한 학생은 대여섯 살 또 다른 학생은 서너 살 많았던 것 같다. 둘은 중학교를 졸업하고 이런저런 일로 돈을 벌다가 늦게 고등학교에 입학한 학생들이었다. 나이 많은 학생은 자기가 했던 일을 몇 가지 이야기해 줬는데 지금은 분뇨차 조수를 했다는 말만 기억난다. 그들은 학생이 되어 이 자리 와 있는 시간이 무척 소중하다고 말했다. 나뿐 아니라 같은 방에 있던 학생들 모두 그 나이 많은 학생들의 이야기를 열심히 들었다. 나처럼 평범한 고등학생에게 나와 다른 삶을 사는 청년들에 대해 진지하게 생각해 볼 기회가 그때까지 많지는 않았다. 나뿐 아니라 그 자리에 있던 다른 친구들도 마찬가지였을 것이다.

퇴소 전날 저녁에는 전체가 강당에 모여 정리 모임을 가졌다. 마지막 행사로 방별 합창 경연이 있었다. 그 행사를 위해 이틀 정도 연습 시간이 주어졌는데 우리 방 친구들은 모두 시큰둥했다. 합숙도 지겨워지고 교육 내용에도 반감이 생기고 해서 그랬을 것이다. 곧 집에 가는데 뭘 새로 하냐는 불만도 있었다. 그래도 몇몇 학생이 나서 전체를 독려했다. 교육이야 우리가 받고 싶어 받은 게 아니지만,

그래도 이렇게 또래끼리 만날 기회를 얻었으니 좋지 않냐며. 그 말에 동의하지 않을 학생은 없었다. 우리 방은 대학가요제 수상 곡 '밀려오는 파도 소리에'라는 노래를 불렀다. 상을 타기는 했는데 몇 등이었는지 기억나지는 않는다.

일주일 내내 교련복을 입고 생활했지만 지금 내게 반공 교육과 관련된 구체적 기억은 아무것도 남아 있지 않다. 그 안에 모인 열일곱 살의 청소년들은 교육청에서 정한 교육보다 같은 또래에게서 더 많은 것을 배웠다. 그리고 그 기억이 훨씬 오래 남아 있다. 반강제 합숙이었지만, 내게는 다른 곳에 사는 내 또래 학생들과 진지한 대화를 나누었던 의미 있는 시간이었다. 같은 또래라도 나와 전혀 다른 삶을 사는 친구들이 존재한다는 사실을 새삼 깨달은 것도 좋았다. 어쨌든 교육은 끝났고, 나는 더 큰 세상을 경험했다는 뿌듯함을 안고 집으로 돌아왔다.

하얀 운동장의 갈색 트랙

　중고등학교 내내 겨울 교실에서는 난로를 사용했다. 교실 중앙의 책상과 의자를 사방으로 밀고 그 자리에 석탄 난로를 설치한 후 창문으로 연통을 빼면 교실의 겨울 준비는 끝이었다. 겨울이면 당번은 건물 뒤 창고에 가서 석탄을 배급받아 와야 했다. 생긴 모양 때문인지 우리는 그 석탄을 조개탄이라고 불렀다. 난로 모양은 노란색 바나나맛 우유 통을 닮았었다. 난로의 구조는 매우 단순해서 철제 몸통에 조개탄을 넣는 큰 구멍과 연통 구멍, 바람 조절 구멍만 나 있었다. 난로는 빨갛게 달아오를 정도로 쉽게 뜨거워졌다가 시간이 지나면 금방 식었다. 난로 옆에 앉은 아이는 땀을 흘리고 난로에서 먼 곳에 앉은 학생은 추위를 느꼈다. 하루 지급되는 양이 정해져 있어서 석탄은 아껴 써야 했다.

　대부분 학생이 양철 도시락을 이용하던 때라 겨울 난로 위에는 도시락들이 포개져 산을 이루곤 했다. 도시락의 크기와 모양이 달라 그 산은 쏟아질 듯 위태로웠다. 아래쪽에 오래 둔 도시락에서는 누룽지가 익었고 맨 위쪽에 얹힌 도시락은 별로 따뜻해지지 않았다. 누가 가장 먼저 올려놓는가를 두고 학생들끼리 눈치를 봤던 것도 같다. 공정하게 위아래를 바꿔가며 도시락을 데운 날도 있지만 모든 걸 귀찮아할 나이였던 친구들은 한 번 올려놓은 도시락 따위는 잊어버린 채 점심시간을 맞곤 했다. 물론 점심시간 이전에 도시락을 해치우는 아이들도 있었다. 그들은 2교시나 3교시를 마친 쉬는 시간에 벼락같이 도시락을 비우곤 했는데 음식 냄새 때문에 수업 들어오신 선생님들이 불쾌해하시기도 했다. 그래도 다수의 학생은 점심시간에 자기 자리에 얌전히 앉아 식사를 했다.

겨울 방학 전이었는지 학기 말이었는지 정확하지 않지만, 난로와 관련하여 크게 벌을 받은 적이 있다. 석탄이 떨어져서였겠지만, 몇몇 아이들이 교실 책상과 의자를 부수어 난로에 넣는 이상한 짓을 했다. 정규 수업이 끝나고 벌어진 일이었다. 학년이 끝나간다는 마음에 하지 말아야 할 일을 한 것이다. 이 일에 가담한 학생은 몇 명 되지 않았다. 교실 안은 얌전히 앉아 있는 학생이 없는 어수선한 분위기였고 나는 그런 일이 벌어졌는지도 몰랐다. 학급의 아이들 대부분이 나와 같았으리라 생각한다.

어찌 되었든 학생부 선생님께서 이 일을 아시고 우리 반 학생들 모두를 운동장으로 불러내셨다. 그리고 나는 평생 잊지 못한 단체 기합을 받았다. 대단히 고통스러웠다는 의미에서가 아니라 인상적이었다는 의미에서이다. 주동자 몇 명은 학생부실에 불려 가 체벌을 받았고 나머지는 낮은 포복으로 운동장을 한 바퀴 돌았다. 가상의 트랙을 따라 60명 가까운 학생이 운동장을 박박 기어가고 있는 풍경을 생각해 보라. 그리고 무엇보다 그날 운동장에는 하얗게 눈이 쌓여 있었다. 교련 수업에 단련된 터라 포복은 힘들지 않았는데 옷 사이로 눈이 들어와서 무척 차가웠다.

    포복이 끝나고 옷을 턴 후 본관 건물 앞에 모여 학생부 선생님의 훈시를 듣는 동안 나는 운동장의 갈색 타원을 주시했다. 육상 트랙처럼 양쪽 축구 골대 밖으로 둥글게 난 자욱이 나를 묘한 감상에 젖게 했다. 억울하다는 생각, 비참하다는 생각, 치욕스럽다는 생각을 했다. 내가 왜, 무엇 때문에 눈 위에 저런 원이나 그리고 있어야 하는가 생각하며 비감에 젖었다. 이곳이 내가 있을 자리가 아닌데 라는 엉뚱한 생각도 했다. 그 와중에 눈 위에 그려진 원이 참 아름답다고 느꼈던 건 지금 생각해도 이상하다. 다른 아이들도 그랬겠지만, 단체 기합 동안 나는 반성 가까운 어떤 감정도 느끼지 못했다. 내가 하지 않은 일 때문에 내가 고통을 당하고 있다는 사실이 매우 부당하다고 생각했다. 그러나 그러려니 하는 마음으로 아무 말도 하지 않았다. 학교의 처벌이라는 게 늘 비슷한 패턴으로 전개되곤 했으니까. 선생님의 훈시 같은 건 귓등으로도 들리지 않았다.

단체 기합의 이데올로기는 아마도 이런 것이리라. 누군가 잘못을 하면 죄가 없는 친구들까지 벌을 받게 되니 함께 조심하고 감시해야 한다, 조직 안에서 일어난 일은 조직원 전체가 책임을 져야 한다. 물론 지금은 이런 사고를 전체주의적인 낡은 정신으로 치부한다. 누군가 의자를 부수어 난로에 넣었다면 같은 반 학생들도 피해자이다. 누군가 잘못된 행동을 했다면 그 사람이 그만큼의 책임을 지면 된다. 반대로 잘못이 없는 학생을 처벌해선 안 된다. 고대 함무라비 법전에도 피해보다 더한 복수를 하면 안 된다는 탈리오 법칙이 적용되었다고 하지 않던가. 그러나 당시 학교에 이런 생각은 존재하지 않았다. 반 전체가 책임을 지는 대신 마땅히 책임져야 할 학생의 죄는 탕감해 주는 이상한 논리가 적용되었다. 전체가 책임져 어린양 하나를 구해준다는 생각이었을까? 어찌 되었든 단체 기합은 잘못을 교정한다는 징벌의 목적을 실현하는 데는 최악의 방법이었다.

생각해 보면 체벌을 받아 잘못을 교정해 본 기억도 별로 없다. 나는 자주 체벌을 당하는 편은 아니었다. 그런데 딱 한 번 학생부실에서 심하게 맞은 적이 있다. 이유는 기억나지 않는다. 야간자율학습 땡땡이 정도로 학생부실까지 가지는 않았을 터이다. 담배를 피우거나 싸움을 해본 적도 없으므로 그것도 아니었을 것이다. 점심시간에 놀다가 수업에 늦게 들어갔거나 하는 소소한 잘못 외에는 혼날만한 일을 했던 기억이 별로 없다. 사소한 잘못을 저질렀는데 일벌백계로 혹독하게 당했거나, 학급에서 생긴 문제를 통제하지 못해서 대표로 맞았을 수도 있다. 당시 교련복을 입고 있었던 것으로 보면 교련 수업과 관련된 일이었는지도 모른다. 이유야 어쨌든 나를 비롯해 몇 명이 학생부실에서 책상에 손을 얹은 채로 허벅지와 종아리를 맞았다. 대걸레 자루로. 그리고 그때 맞은 자국은 대학 때까지 남아 있었다. 맞은 자리에 물집이 생겨 터졌는데 터진 자리에 생긴 얼룩은 쉽게 지워지지 않았다.

학생부에는 으레 전설 같은 선생님이 있게 마련이다. 지금도 기억나는 이름은 당시 만화 영화 악당 캐릭터 이름을 따 '낑낑마'라 불렸던 선생님이다. 자율학습 때면 늘 운동장 구석에서 평행봉 운동을 하셨고 잘린 낚싯대를 들고 다니셨다. 지각이나 땡땡이 등으로 적발된 학생들의 배꼽 위를 그 낚싯대로 누르고 빙빙 돌렸는데 당한 학생들의 말에 따르면 속살에 붉은 원이 생길 정도로 아팠다고 한다. 누군가는 피가 났다고도 했다. 전해들은 이야기들이라 상처의 정도는 확인할 수 없었지만, 장난기 가득한 얼굴로 학생들을 쿡쿡 찌르던 선생님의 모습은 지금도 선명하게 기억난다.

깊이 생각해 볼 것도 없이 질서와 규율은 다르다. 규율에는 통제와 처벌이라는 느낌이 강하게 묻어난다. 예전 학교에서는 학생들을 주체로 생각하지 않고 통제하고 처벌하여 규칙 안에 맞춰 넣어야 할 객체로 생각했던 것 같다. 교문을 들어서면 선도부가 양쪽에 서서 복장을 검사했고, 시도 때도 없이 담임선생님은 학생들의 가방을 뒤졌다. 지금은 모두 고개를 젓게 만드는 끔찍한 장면들이 이 말고도 많았다. 그런데 걱정되는 것은 그렇게 끔찍한 경험들이 우리 안에 내면화되어 과거를 당연한 것으로 여기고 있지 않은가이다. 이제 내게 아무런 해를 끼치지 않는다고 해서 그 시간과 장면들이 아무렇지도 않아서는 안 되는데 말이다.

이불 밖은 위험해

　나는 어릴 때부터 낯선 곳을 방문하거나 집 밖에서 자는 걸 싫어했다. 변화에 적응하는 데 많은 에너지를 쓰는 편이어서 환경이 바뀌면 힘들어했다. 이런 사람을 요즘은 집돌이라고 편하게 부르는 모양이다. 지금도 휴가 계획을 세우거나 이름난 음식점을 검색해 찾아다니는 일을 별로 좋아하지 않는다. 고생해 찾아가 봐야 별거 없다고 생각하는 편이다. 백화점 쇼핑에 쉽게 지치고 인터넷으로 물건을 주문하는 데도 서툴다. 도서 구입, 항공권 예매 정도가 내가 할 줄 아는 인터넷 쇼핑의 전부이다. 새로운 걸 시도하기보다는 일상의 루틴을 지키는 데서 편안함을 느끼는 사람이다. 어릴 때부터 나는 용감하고 적극적인 아이가 아니라 걱정 많고 소극적인 아이 쪽에 속했다.
　고등학생 시절 가장 긴 외박은 서울시 교육원 수련회였다. 그 밖에도 밖에서 잘 일이 몇 번 있었다. 2학년 때인가 전 학년이 경주로 수학여행을 갔다. 아침 일찍 서부 역 광장에 모여 인원 점검을 하고 수학여행용 기차를 탔다. 새마을호나 무궁화호는 아니고 통일호 급행열차였던 것으로 기억한다. 수학여행 떠나는 학생을 위해 마련한 특별 기차여서 중간에 서지 않고 경주까지 한 번에 달렸던 것 같다. 기차 안에서 학생들은 준비해 온 군것질거리를 먹거나 홍익회 카트에서 간식을 사 먹었다.

여행을 자주 다녀보지 않았던 나에게 수학여행은 즐거운 경험이었다. 포항 제철에 들러 용광로를 보았고 불국사, 석굴암, 첨성대도 구경했다. 다른 아이들은 밤에 놀고 낮에는 졸았지만, 나는 밤에 자고 낮에는 열심히 관광(?)을 했다. 하루는 버스를 탔고 하루는 경주 시내를 걸어서 다녔다. 수학여행 시기가 비슷해서인지 관광지든 식당이든 경주 시내는 학생들로 가득했다. 나는 사진 찍기를 좋아하는 아이는 아니었다. 남아 있는 수학여행 사진이라고는 불국사 다보탑 앞에서 찍은 것 몇 장이 전부다. 카메라를 가지고 간 기억이 없으니 그것도 누군가 사진을 찍고 인화까지 해서 내게 건네준 것이리라. 누구였는지 이름도 장면도 기억나지 않는다. 그 친구에게는 미안한 일이다.

밤에 일찍 잠드는 아이는 많지 않았다. 나는 시끄럽게 떠드는 아이들에게 짜증을 내는 유별난 아이였다. 우리 학교 숙소는 불국사 아래 여관촌이었다. 밤이면 랜턴을 들고 다른 학교 학생들과 신호를 주고받는 아이들이 있었다. 여관 담을 넘어 밖에 나갔다 온 학생이 있다는 소문도 들었다. 밖에 나가서 놀다가 들어와도 걸리지만 않으면 문제 될 것이 없었다. 의외로 선생님들의 감독은 그리 철저하지 않았다. 선생님들도 모여 술을 드신다는 말도 돌았다. 직접 그런 학생들 틈에 끼지는 않았어도 그들을 이해 못 한 것 아니었다. 지겨운 학교생활에서 해방되었는데 그냥 서울에서처럼 하루를 마감하기가 얼마나 아쉬웠겠는가. 나는 단지 겁이 많고 소심해서 아무것도 안 했을 뿐이다.

수학여행의 마지막 밤에는 식당에서 파티가 열렸다. 단체 급식을 하던 식당은 책상을 밀면 커다란 홀이 되었다. 무대도 있었고 음향시설도 있었고 조명도 있었다. 오락부장으로 뽑힌 아이가 나와서 진행을 하고 학생들은 노래 부르고 춤을 췄다. 그때도 나는 거기에 끼지 못했다. 조명을 조작하는 일을 자원해 아이들과 부대끼지 않는 공간으로 빠져나왔다. 여럿이 어울려 소란스럽게 노는 데 끼고 싶지 않았을 것이다. 그때나 지금이나 나는 잘할 자신이 없는 일은 아예 시도도 하지 않는다. 재미가 없었는지 조명 일도 누군가에게 넘기고 나는 일찍 방으로 올라가 잠을 청했다.

학급 전체가 1박 2일 수련회를 간 일도 있었다. 학교에서 멀지 않은 살레시오 회관인가 하는 곳이었다. 협동심이나 단결심 등을 교육하기 위한 프로그램이었다. 그날 밤도 학생들은 별로 잘 생각이 없었다. 술을 가져온 아이 트럼프나 화투를 가져온 아이도 있었다. 넓은 방에 삼삼오오 모인 아이들이 웅성거렸지만 나는 일찍 이불을 깔고 구석 자리에 누웠다. 남들이야 떠들든 말든 잠을 자기 위해 노력했다. 그런 나에게 장난을 치고 싶었는지 몇몇 아이들이 말을 걸기도 했다. 나는 그래도 아무런 반응을 보이지 않았다.

그렇게 잠이 들고 아침에 내가 일어난 곳은 복도였다. 아이들이 요와 이불까지 모두 들어 나를 복도에 내놓은 것이었다. 그들은 건드려도 반응이 없는 나를 골려주려 했을 것이고, 나는 아무 반응을 안 하는 게 최선이라고 생각했을 것이다. 비몽사몽간에 벌어진 일일 텐데 나는 이불을 돌돌 말고 아침까지 잠을 잤다. 이후 그 일로 내가 놀림거리가 되었던 것 같지는 않다. 어떤 식으로든 내가 반응을 했으면 아이들도 추가 반응을 보였을지 모른다. 하지만 반응 없이 아침까지 자버린 아이를 놀려봐야 재미도 없었을 것이다. 그리고 욕 한마디 하지 않는 내가 아이들은 조금 불편했을 수도 있다.

한 반 친구들 몇이 남양만 근처 친구의 시골집을 방문한 적도 있었다. 방학 때였는지 연휴 때였는지 정확히 기억나지는 않는다. 우리는 친구 집에서 빈둥거리며 놀다가 오후에 강가로 낚시를 나갔다. 전에도 낚시를 해봤던 나는 열심히 고기를 낚았다. 붕어나 잉어는 안 올라오고 입 크고 못생긴 망둥이 종류들만 올라왔다. 친구들끼리 텐트를 치고 저녁도 지어 먹었다. 솜씨 좋은 애가 있어 삼겹살도 굽고 잡은 물고기로 매운탕도 끓여 먹었다. 야외에서 음식 해 먹는 맛

이불 밖은 위험해 *145*

을 제대로 느꼈던 것 같다. 밤이 깊어져 잠자리를 정해야 했다. 집에서 잘 사람은 집으로 돌아가고 강가 텐트에서 잘 사람은 남기로 했다. 그날 밤 집에 돌아가 잔 사람은 나 하나뿐이었다.

그때도 나는 친구들과 해방감을 느끼며 밤새 밖에서 놀고 싶다는 생각을 못 했다. 나는 불편한 잠자리가 짜증스러웠고 동네 청년들과 붙을지도 모르는 시비가 두려웠다. 잠을 못 잔 다음 날의 일정도 불안했다. 닥치지도 않은 그런 걱정을 떨쳐버리고 현재의 기분을 즐기는 법을 나는 몰랐다. 나는 하루하루를 무사히 마치는 것으로 만족하는 소심한(소박한) 인간이었다. 어릴 때부터 책 읽기나 음악 듣기를 좋아했던 것도 다 이런 성격 때문이었으리라. 현재의 직업을 선택한 이유도 다른 데 있지 않을 것이다. 가끔 움츠리고 살아온 나라는 인간이 한심하다는 생각이 들 때가 있다. 그러다가도 이런 겁쟁이가 거친 세상에서 이나마 견뎌온 게 참 용한 일이라고 스스로 위로하곤 한다.

지금도 관광이나 일로 여럿이 객지에 가게 되었을 때 나는 일찍 하루를 정리하고 싶어 한다. 일정이 끝나고 저녁에 숙소 밖으로 나가 놀다 오자든지, 누구 방에 모여 한잔 마시고 자자는 말을 반가워하지 않는다. 정해진 시간표대로 일정을 소화하고 나머지 시간은 혼자 있는 것이 좋다. 여럿이 몰려다니는 데 쉽게 지쳐서이기도 하고, 낯선 곳에서는 여전히 너무 많은 에너지를 소비하기 때문이기도 하다. 나이 들어서 좋아진 것 중 하나는 예전에 비해 남의 시간표에 덜 맞추어도 된다는 점이다.*

---

* 이 글을 수정하는 지금 나는 터키 중부의 도시 카이세리에 와 있다. 동아시아인을 하루에 한 번도 마주치기 어려운 이 도시에서 한 달 넘게 혼자만의 시간을 보내고 있다. 낯선 곳에 혼자 떨어져 있지만 꽤 잘 지내고 있다. 성격을 바꾸기는 어려워도 준비하고 연습하면 조금씩 나아지기는 하는 것 같다.

이사 다니던 시절

　맹모삼천지교(孟母三遷之敎)라는 말이 있다. 맹자에게 좋은 공부 환경을 제공해 주기 위해 그의 어머니가 세 번이나 집을 옮겼다는 말이다. 이 전국시대 대학자의 어머니는 자식 교육을 위해 세를 얻어서라도 서울 강남으로 이사하는 요즘 학부모들과 비슷했던 모양이다. 좀 삐딱하게 말하면 삼천지교도 어느 정도 살만한 사람들에게나 해당하는 이야기이다. 직장이나 사업 문제로 급히 주거를 옮겨야 한다면 환경을 꼼꼼히 따지기가 쉽지 않다. 1970-80년대 서울 변두리 지역에는 인구 유입과 이동이 많았는데, 거기에는 교육 문제보다는 경제적인 문제가 더 중요하게 작용하였다.

　나는 초등학교를 세 군데 다녔고 고등학교 때도 이사를 세 번 했다. 초등학교 2학년 때의 전학은 이사 때문이 아니라 학생 수 증가에 따른 학교 분할 때문이었다. 다니던 초등학교의 학생 수가 너무 많아져 근처에 새로운 학교를 지었고 주소에 따라 학생을 나눈 것이었다. 새로운 학교 이름은 기존 초등학교 이름에 '신新'자를 붙였다. 4학년 때는 다른 구에 있는 초등학교로 옮겼고 같은 지역에서 고등학교까지 다녔다. 새로 전학한 초등학교 교실도 당시 말로 '콩나물 교실'이었다. 학기 말쯤 전학을 와서 내가 받은 번호는 90번이었다. 중간에 전학을 간 아이들의 번호를 채우지 않았으니 반인원은 그보다 적었을 것이다. 새로운 학교에서는 1학년에서 4학년까지 2부제로 수업을 했다. 한 교실을 오전과 오후로 나누어 다른 학년이 사용하는 학사 운영 방식이었다. 말하자면 한 교실에 1-6반과 4-6반 표지판이 나란히 붙어 있는 식이었다. 오전과 오후 등교는 일주일 단위로 바뀌었던 것 같다. 중학교 학생 수는 그보다 좀 적었다. 중학교 2학년 때 찍은 소풍 사진을 확인해 보니 그때 우리 반 인원은 정확히 70명이었다. 고등학교 학급 인원은 더 적어서 60명이었다.

    고등학교 2학년 때 우리 집은 버스를 갈아타고 등교해야 하는 다른 구로 이사를 했다. 그때가 나에게는 가장 힘든 학생 시절이었다. 통학 시간이 길었고 동네가 달라 친구들과 자주 어울리지 못했다. 이사를 간 곳은 전에 살던 주택가와 사뭇 분위기가 다른 공단 지역이었다. 공장이 바로 옆에 있지는 않았지만, 동네에는 벌집 같은 작은 방들을 갖추고 공단 노동자들에게 세를 놓는 집이 많았다. 낮에 한가하던 거리는 저녁이 되면 나보다 나이가 그리 많아 보이지 않는 젊은이들로 가득 찼다. 골목에는 작은 술집, 작은 오락실, 작은 옷 가게 등이 밀집해 있었다. 그 골목의 작은 한옥 문간방에서 나는 몇 달을 지냈다. 누우면 발과 머리가 벽에 닿는 쪽방이었다. 그 방에 책상을 두는 건 엄두도 못 냈다. 거기서 이산가족 찾기 생방송을 보았으니 그 집에서 보낸 해는 1984년이었을 것이다. 긴 여름을 보내고 새집으로 이사하면서 널찍한 방도 책상도 생겼지만, 옛 동네 집처럼 편안하지는 않았다.

거리가 멀어도 학교 안에서의 생활은 달라질 게 없었다. 시간표를 따라가면 하루가 그냥 흘러갔다. 그러나 주말과 방학은 달랐다. 어울릴 동네 친구가 없어서 늘 심심했다. 학원에 다니는 것도 아니어서 공부도 혼자 할 수밖에 없었다. 그래도 우울하지 않으려면 무언가 해야 했다. 그때 내 고마운 친구는 농구였다. 집에서 10분 거리에 고등학교가 있었고, 나는 일요일이면 농구공을 들고 학교 농구장으로 갔다. 그곳에서 처음 보는 사람들과 어울려 그냥 땀을 흘렸다. 주말 학교 운동장에는 나처럼 휴일에 마땅히 할 일이 없는 '형님' 들이 언제나 많았다. 농구장뿐 아니라 그물 없는 골대가 놓인 축구장도 사람들로 붐볐다. 운동장 안에서 축구공이 한 번에 서너 개씩 굴러다니기도 했다. 농구든 축구든 공만 보고 뛰다가 다른 사람과 부딪치는 일이 부지기수였다. 당시 공단의 주말 학교 운동장은 갈 곳 없는 청년들이 비용 없이 시간을 보낼 수 있는 무해하고도 쓸쓸한 장소였던 것 같다. 매주 얼굴을 보게 되어 친해진 이들도 있었다. 자주 나오는 사람들끼리 팀을 만들어 다른 팀과 시합도 했다. 하지만 서로 이름이나 나이, 소속을 묻는 일은 없었다.

다음 해에 우리 가족은 원래 살던 동네로 돌아왔다. 중학교 때 살던 집에서 버스로 한 정거장 떨어진 곳에 자리를 잡았다. 언덕 중턱에 새로 지은 근사한 집에서 대학생 때까지 살았다. 버스 정거장에서 내려 목욕탕 옆을 지나 언덕을 올라가면 우리 집이 있었고 내 방 창으로 언덕 아래 큰길을 내려다볼 수 있었다. 언덕을 올라가는 게 힘들었지만 그래도 익숙한 동네로 돌아온 것이 좋았다. 지금은 그곳에도 아파트가 들어섰다고 한다. 나는 고등학교 2학년 시절의 학교생활 기억이 많지 않다. 다음 해는 고3이었으니 더 단순하게 살았을 것이다. 상대적으로 중학교 시절의 기억은 풍부한 편이다. 중학교 시절 3년 동안 우리 가족은 이사 없이 한집에서 살았다.

그 시절 여러 번의 이사를 통해 부모님은 적지 않은 돈을 모으셨다. 이사 간 낯선 동네에서 아버지는 운전면허를 따고 승용차도 구입하셨다. 그때 산 우리 집의 첫차는 새로 나온 현대 스텔라였다. 당시에는 지금처럼 승용차가 많지 않았는데, 고3 막바지에 나는 그 차를 타고 등교하는 호사를 누렸다. 새로 산 스텔라를 운전하고 부모님은 고향을 방문하셨다. 시골 동네가 소란할 정도로 화제가 되었다는 이야기를 큰집 누이에게서 들었다. 고향 떠난 지 십오 년 만에 서울에 집을 마련하고 자가용까지 몰게 되었으니 당시 부모님은 충분히 자부심을 느끼실 만했다.

그때 이사는 웃지 못할 가족 에피소드를 하나 남겼다. 타 구로 이사한 직후 강원도 고성에서 군 생활을 하던 가형이 예정에 없던 휴가를 나왔다. 집 전화밖에 없던 때라 형은 군 위병소 밖으로 나와 공중전화로 집에 전화를 걸었다. 그런데 아무리 전화를 돌려도 빈 신호만 들렸다고 한다. 당시에는 구를 옮기면 전화번호도 바뀌었다. 서울에 도착해서 전화를 걸어도 연락이 안 되자 형은 이모 댁에 전화를 걸었고 그때 비로소 가족의 이사 사실을 알았다고 한다. 그래도 무턱대고 옛집 앞까지 가지는 않았다니 다행이었다. 그랬다면 군에서 휴가를 나왔더니 가족이 모두 이사를 가버린 황당한 상황을 맞닥뜨릴 뻔했다.

돌아보면 나는 한 집에 오래 살 팔자는 못 되는 것 같다. 나는 지금까지 10년을 같은 집에서 살아 본 적이 없다. 그래도 지금 사는 집에서 9년째 살고 있으니 여기서는 10년을 채울지 모르겠다. 그나마 이렇게 오래 사는 이유도 아이들 학교와 아내 직장 때문이다. 두 아이는 중등학교를 이 집에서 다녔다. 아내 직장도 서너 정거장 거리에 있다. 순수한 내 의지는 아니었지만, 주거를 자주 옮기지 않는 데는 장점이 많은 것 같다. 익숙함이 편안함이고 편안함이 너그러움이며 너그러워져야 사람들과 어울릴 수 있다. 안타깝지만 고등학교 시절 나는 그러지 못했다. 내게는 그 시절 추억도 친구도 많지 않다.

밤낚시와 물안개

 나는 수영을 할 줄 모른다. 그래서 내 가슴 높이보다 깊은 물에 들어갈 엄두를 내지 않는다. 어린 시절에는 수영을 배울 기회가 없었다. 어른이 된 뒤 시간을 내서 배우려고 했으면 어떻게든 배웠을 텐데 굳이 그러려고 하지 않았다. 솔직히 말하면 나는 물을 무서워하는 편이다. 왜 물을 싫어하냐고 물으면 이렇게 답한다. 물고기가 양서류를 거쳐 뭍에 오르기 위해 수백만 년 이상 노력했는데 다시 물로 들어가는 건 진화를 거스르는 일이라고. 그건 몸집 불리기 좋아하는 고래나 하는 짓이라고. 물론 말도 안 되는 소리다.
 물속에 들어가기는 싫어해도 밖에서 물을 바라보는 건 좋아한다. 물이 인간에게 주는 특별한 영감이 있다고 생각하는 편이다. 강이나 호수를 바라볼 때는 오래전 떠나와 돌아갈 수 없는 그리운 곳을 마주한 느낌이 든다. 손에 잡히지도 않고 머물 수도 없는 공간이지만 물에는 눈과 마음을 머물게 하는 신비로운 무엇이 있다. 물은 차갑기도 하고 뜨겁기도 하다. 수심 깊은 물에서는 공포를, 잔잔한 수면에서는 평화를 느낄 수 있다. 물은 거침없이 흐르지만 뻗어가는 기세를 자랑하지 않는다. 물에는 좁은 곳을 향하는 편협함보다 넓은 곳에서 모이는 너그러움이 있다. 물의 이런 성질이 나는 좋다.

　물에서 잊기 어려운 감동을 처음 받은 건 중학교 때이다. 그 시절 나는 아버지를 따라 낚시를 다녔다. 보통 일요일 오전에 출발해 저녁이면 돌아오곤 했다. 하룻길이 가능한 평택이나 김포의 저수지에 자주 갔다. 낚싯대를 설치하고 미끼를 달고 찌를 걸어 바늘을 던져두면 특별히 할 일이 없는 게 낚시다. 낚시의 성패는 적절한 미끼를 쓰느냐, 좋은 위치를 선택하느냐에 좌우된다. 어떤 바늘을 선택하느냐도 중요하다. 미끼를 던지고 나면 낚시꾼은 물고기가 찌를 움직일 때까지 하염없이 기다려야 한다. 어떤 날은 한 마리도 못 잡을 수도 어떤 날은 귀찮을 정도로 많은 물고기를 걷어 올릴 수도 있는 게 낚시이다. 같은 사람이 같은 자리에서 대를 걸어도 그렇다. 아무리 열심히 준비해도 결과까지 마음대로 할 수 없는 게 낚시이기도 하다. 낚시터에서는 할 일을 했으면 참고 기다려야 한다. 어린 나이에도 나는 인생이 꼭 낚시와 같다고 생각했다.

　그날은 텐트까지 챙겨서 밤낚시를 갔다. 충청도의 어느 한적한 저수지였다. 오후부터 저녁까지 성과가 시원치 않았다. 바로 매운탕 끓여 먹을 피라미조차 잘 걸리지 않았다. 밤이 되자 아버지께서는 자리를 펴셨다. 밤새 기다려봐야 고기가 없을 것 같고 새벽을 기대하자고 하셨다. 그렇게 해서 나는 혼자 낚싯대를 지키게 되었다. 아무것도 보이지 않는 수면에 야광 찌만 물결에 흔들리는 긴 밤을 보냈다. 거기서 처음 나는 정신의 고요라는 걸 느낀 것 같다. 안과 밖의 구분이 없고 시간의 흐름도 멈춘 곳에 나 혼자만이 존재하는 그런 기분이었다. 고민도 없고 고통도 없고 과거와 미래가 사라진 비현실의 세계 한가운데 홀로 떠 있다고 생각했다.

새벽 물안개가 올라오면서 나의 이런 몽상은 절정에 이르렀다. 새벽녘 물에서 올라오는 짙은 안개는 눈앞을 흐리게 하지만 한편으로 어둠을 몰아내고 세상을 환하게 열어주었다. 바람이 불면 한쪽으로 걷혔다가 어디선가 다시 몰려와 수면 위를 가득 채웠다. 그 안에는 사람의 형상도 있었고 동물의 형상도 있었고 나를 찾는 수많은 영혼도 있었다. 안개는 시야의 먼 곳에서 바로 내 발밑까지 다가와 손짓하여 나를 불렀다. 모든 긴장이 사라지고 몸이 가벼워지는 느낌이 들었다. 백수광부가 술을 마시고 강에 빠졌다면 그 시간이 바로 지금이 아니었을까 생각했다. 물속으로 걸어 들어가고 싶은 유혹을 간신히 견디고 있을 때 날이 밝아졌고 안개도 사라졌다.

그날 새벽 낚시의 수확이 어땠는지는 기억나지 않는다. 텐트에 들어가서 해가 중천에 뜰 때까지 못 잔 잠을 잔 것만 기억난다. 지금 기억하는 그날 새벽의 경험이 얼마나 사실에 가까웠는지도 잘 모르겠다. 꿈이었는지 현실이었는지도 분명하지 않다. 어찌 되었든 세상과 신비로운 교감을 경험한 듯한 흥분은 그 후로도 오래 이어졌다. 남들이 알아줄 리도 없고 특별히 전달해 줄 내용도 없었지만, 그 경험은 마음속에 어떤 자부심을 심어주기도 했다. 그건 남들이 만나보지 못한 세상을 혼자 알아냈을 때 느끼는 특별한 만족감이었다.

이후에도 여러 번 낚시를 다녔다. 혼자 간 적은 없고 모두 부모님을 따라서였다. 시간이 지나면서 아버지의 낚시 형태는 조금씩 진화(?)했다. 장소에 따라 대낚시의 줄을 늘이시기도 했고 아예 릴낚시를 던지시기도 했다. 미끼가 마음에 안 들면 자주 바꾸어 물고기를 유혹하셨다. 아버지는 낚시를 좋아하셨지만, 성과 없는 지루한 노동은 싫어하셨던 것 같다. 기름집을 찾아 기름을 뽑고 남은 싱싱한 깻묵을 직접 구해 오신 적도 많았다. 내가 대학에 다닐 때 일인 것 같은데 아버지께서는 마침내 커다란 고무보트를 사셨다. 네 명은 족히 탈 말한 보트였다. 아예 보트를 타고 저수지 가운데서 낚시를 던지셨다. 그 보트를 타신 기간은 그리 길지 않았다. 연세가 드시면서 다시 소박한 대낚시로 돌아오셨다. 자식들이 성장한 이후로는 부모님 두 분이 낚시를 다니셨다. 손자들을 데리고 가신 적도 있었다. 생각해 보면 낚시는 내 부모님의 유일한 취미가 아니었나 싶다.*

---

* 두 분이 낚시를 가시면 언제나 어머니가 더 많은 고기를 잡으셨다. 낚시터 전체가 시끄러울 정도의 월척을 낚는 것도 어머니셨다. 낚시 좋아하시는 막내 이모님도 어머니

평범한 중학생 남자아이에게 낚시는 지루한 일이었다. 그 지루함은 반복되는 노동과 주변의 고요에서 온다. 어린 나이에도 나는 그런 환경을 잘 견뎠던 것 같다. 오히려 사방에서 소음이 들리는 시끄러운 공간, 여러 사람을 만나야 하는 사교적인 시간을 더 힘들어했다. 나는 여전히 인생이 그렇게 소란스러울 필요가 있는지 의심하는 편이다. 삶의 의미는 고요 속에서 찾을 수 있는 게 아닐까 생각한다. 그 고요가 성찰과 여유라는 삶의 아름다운 시간을 마련해 줄 수 있다고 믿는다.

의 운은 당하기 어렵다고 하셨다. 미신이라 말하면 그만이지만 이런 일에는 노력한다고 해도 따라가기 어려운 무언가가 있는 것 같다.

마음만 소란한 졸업식

고등학교 졸업식은 대학 입학이 거의 결정된 후에 치러졌다. 전기 대학 입시는 12월, 후기 대학 입시도 1월이면 결과가 나왔고 졸업식은 2월에 있었다. 인문계 남자 고등학교라 해도 대학에 진학하는 학생은 절반이 되지 않았다. 우리 반에서는 60명 중 26명이 대학에 진학한 것으로 기억한다. 내게 고등학교 졸업식은 그리 특별하지 않았다. 대학의 학과 신입생 환영회도 마친 후라 고등학교에서는 이미 마음이 떠나 있었다. 합격자 발표와 입학식 사이, 미래에 대한 기대와 불안 속에서도 나는 구속 없는 자유로운 시간을 누렸다. 학력고사 이후 한 번도 머리카락을 자르지 않은 채 어느 때보다 따뜻한 겨울을 보냈다.

물론 모든 학생이 나처럼 가벼운 마음으로 그 겨울을 보낸 건 아니었다. 졸업에 이르기까지 힘든 시간을 보낸 친구들이 많았다. 지금은 어떤지 모르지만, 그때 사관학교 입시는 일반 대학 입시 전, 여름에서 가을 언저리에 있었다. 육군 장군 출신이 대통령으로 있는 나라, 장군 출신이 고위 관료직을 차지하는 나라여서 사관학교의 인기는 매우 높았다. 공부도 잘하고 몸도 건강한 우리 반 친구 하나는 그 어렵다는 육군사관학교 시험에 2차까지 합격했다. 그 친구는 물론 담임선생님도 시작이 좋다며 무척 고무되어 있었다. 친구들은 그가 입시를 몇 달 일찍 끝낼 수 있다는 사실을 더 부러워했다. 3차는 보통 신원조회 정도였으니 우리는 그가 이미 합격한 것이라 생각했다. 그런데 그도 우리도 모르고 있었다. 그의 외가 쪽 친척 한 분이 한국전쟁 때 월북했다는 사실을. 알지도 보지도 못한 친척 때문에 그는 연좌제에 걸려 사관학교에 입학할 수 없었다. 교무실에서 결과를 통지받고 돌아와 분통을 터뜨리던 그의 모습은 지금도 선명히 기억난다. 겨울에는 그도 우리처럼 학력고사를 쳤을 텐데 졸업 후 그의 소식은 들은 게 없다. 사관학교에 입학할 수 없었다면 그는 국가 고시를 치를 수도, 공무원이 될 수도 없었을 것이다.

입시 원서 마감날은 학교나 학생이나 비상이었다. 시험을 아주 잘 보았거나 못 본 학생들은 덜 했겠지만, 만족스럽지 못한 점수를 받은 학생들은 소위 말하는 눈치작전을 폈다. 이미 받은 점수에 따라 입학이 가능한 대학도 몇 개로 좁혀지는 게 보통이었다. 그때는 오직 한 대학에만 입학 원서를 접수할 수 있어서 입시생들은 경쟁률에 매우 민감했다. 휴대 전화도 삐삐도 없던 시절이었다. 원서 접수

기간은 보통 사나흘 동안이었다. 첫날 원서를 접수하는 강심장은 많지 않았다. 보통 입시생들은 라디오 방송으로 실시간 경쟁률을 확인하고 마감날 오후가 돼서 원서를 넣었다. 하루 전에만 접수해도 소신 지원이라 불렀다. 두세 장의 원서를 가족들이 나누어 들고 각기 다른 학교에서 상황을 파악하는 일도 있었다. 동시 접수를 피하려면 전화기가 있는 장소에 포스트를 정하고 공중전화로 서로 연락을 취해야 했다. 마감 시간 즈음 접수 건물에 들어가기 위해 닫히는 문을 사이에 두고 직원과 학부모가 몸싸움을 벌이는 장면도 뉴스에 자주 나왔다. 고등학교에서 한 학생에게 여러 대학 원서를 써 주는 것 자체가 부정이었지만 융통성 있는 학교는 규정을 잘 지키지 않았다.

원서를 쓰는 과정에서 담임선생님과 갈등을 겪는 학생도 많았다. 도저히 합격이 어려울 것 같은 곳에 학생이 원서를 낸다고 하면 선생님은 말릴 수밖에 없었다. 반대로 선생님이 하향 지원을 권하면 학생은 쉽게 받아들이기 어려웠다. 당시 인문계 고등학교는 대학 입시 결과에 교운을 걸었다. 입시가 끝나면 ○○대학 몇 명, △△대학 몇 명 합격이라는 현수막이 학교 정문에 걸리곤 했다. 그래서인지 소위 명문대학을 포기하고 소신 지원을 하려는 학생들은 학교와 갈등을 겪었다. 같은 반 친구 중 동네에서 가까운 대학에 지원하고 싶었던 P라는 친구는 A 대학 지방 캠퍼스에 지원하라는 담임선생님과 여러 차례 면담을 해야 했다. 순하고 키가 컸던 그 친구는 면담을 마친 뒤 눈물을 흘리기도 했다. 그래도 자기 의견을 굽히지 않아 끝내 원하던 곳에 합격했다. 대학 축제 때 그가 다니는 대학에 놀러 간 적이 있는데 입시 때 생각이 나서 혼자 기분이 좋았다.

좀 더 강하게 저항하는 친구도 있었다. 체육학과를 준비했던 C는 원하는 곳에 원서를 써주지 않자 담임선생님에게 격렬하게 항의했다. 면담이 끝나고 돌아오면 학생들 앞에서 거친 말을 내뱉었다. 간곡한 부탁에도 담임선생님이 자기 뜻을 받아주지 않아서 교무실 의자를 집어 던졌다는 소문도 있었다. 교무실 유리창이 깨졌다는 둥, 누가 다쳤다는 둥 소문은 다양했다. 보지 않았으니 소문 그대로 믿을 수는 없지만, 당시 학교 분위기로는 그런 일이 벌어질 수도 있었다.

친한 사이가 아니면 입시 관련 면담 내용을 공유하는 일은 드물었다. 서로 과도한 관심을 보이지 않는 게 교실 안 불문율이기도 했다. 그래도 면담이 초미의 관심이었던 학생이 하나 있었다. 놀기만 좋아하고 공부와는 담을 쌓고 살던 K라는 친구였다. 내신 성적도 아래에서 두 번째 등급 정도 되었을 것이다. 그런 그가 학력고사를 잘 봤다는 소문이 돌았다. 학력고사 문제지는 A형과 B형으로 나뉘어 지급되었는데 그의 자리가 같은 반이자 전교 1등을 다투던 학생의 대각선 뒤였다는 거였다. 대각선은 같은 형의 시험지였다. 역시 들은 말이지만 자리 배치를 알게 되자 그는 조용히 1등 친구에게 부탁했다고 한다. 일부러 가리지만 말아 달라고.

지금도 고등학교 졸업식 현장의 장면은 잘 떠오르지 않는다. 졸업장은 어디서 받았는지 담임선생님께는 인사라도 했는지. 부모님은 오셨었는지. 전혀 기억에 없다. 우리 반 친구의 매형이었던 유명한 코미디언과 KBS 뉴스를 진행하던 여자 아나운서가 왔던 것만 기억난다. 분명 내 졸업식이었는데 말이다. 졸업 전에 이미 학생들은 달라질 우리의 미래를 예감하고 있었는지 모른다. 졸업식에 참석하지 않은 학생도 많았다.

나는 비교적 편안한 상태에서 졸업식에 참가한 학생이었다. 고등학교를 졸업하면 어른이라는 뿌듯함, 대학 생활이 기다린다는 기대감도 있었다. 하지만 졸업은 그냥 한 시간의 마무리일 뿐이었다. 새로운 곳에서는 새로운 배움이 기다리고 있었다. 옳고 그른 것, 희망과 능력의 차이, 좋은 사람과 나쁜 사람, 개인과 사회 등 늘 새로운 고민거리가 숙제로 던져질 터였다. 졸업생들은 이제 그 주제를 안고 아파할 새로운 시간을 만나야 했다. 졸업 후에 무엇을 하게 되었든 누구도 이런 과정을 피할 수는 없었을 것이다. 이전 졸업식보다 고등학교 졸업식이 조용했던 이유가 여기에 있었는지도 모른다. 마음이 너무나 소란스러웠기에 겉으로는 무엇도 드러내기가 두려웠을 것이다.

졸업과 함께 많은 것이 지워지고, 잊히고, 그렇게 새로운 시간이 열렸다. 고등학교 생활이 이제 끝이구나 생각했다. 전혀 나쁘지 않았다.

김한식

충청북도 청주에서 태어나 서울에서 학교를 다녔다. 고려대학교 국어국문학과에서 현대문학으로 박사학위를 받았으며, <작가세계> 신인 평론상을 수상해 문학평론가 이름을 얻었다. 어릴 때부터 소설책, 역사책 읽기를 좋아했고 지금도 그런 책을 읽는다. 『세계문학 여행』, 『고전의 이유』, 『고전의 질문』, 『위대한 이야기 유산』 등 십여 권의 책을 냈고, 현재 상명대학교 한국언어문화전공에서 문학을 가르치고 있다.

화곡동, 79~85
변두리 세대의 성장 기록

초판 1쇄 인쇄 2025년 3월 7일
초판 1쇄 발행 2025년 3월 14일

지은이	김한식
펴낸이	최종숙
펴낸곳	글누림출판사
편 집	이태곤 권분옥 임애정 강윤경
디자인	안혜진 최선주 강보민
마케팅	박태훈
주 소	서울시 서초구 동광로46길 6-6(반포4동 577-25) 문창빌딩 2층(06589)
전 화	02-3409-2055(대표), 2058(영업), 2060(편집)
팩 스	02-3409-2059
전자메일	geulnurim2005@daum.net
홈페이지	www.geulnurim.co.kr
등록번호	제303-2005-000038호(2005.10.5.)

ISBN 978-89-6327-743-1 03810

* 이 책의 판권은 지은이와 글누림출판사에 있습니다. 서면 동의 없는 무단 전재 및 무단 복제를 금합니다.
* 파본은 구입처에서 교환해 드립니다.
* 정가는 뒤표지에 있습니다.